Qualitative Sozialforschung

Herausgegeben von
U. Flick, Berlin, Deutschland
B. Littig, Wien, Österreich
Chr. Lüders, München, Deutschland
A. Poferl, Dortmund, Deutschland
J. Reichertz, Essen, Deutschland

Die Reihe Qualitative Sozialforschung
Praktiken – Methodologien – Anwendungsfelder

In den letzten Jahren hat vor allem bei jüngeren Sozialforscherinnen und Sozialforschern das Interesse an der Arbeit mit qualitativen Methoden einen erstaunlichen Zuwachs erfahren. Zugleich sind die Methoden und Verfahrensweisen erheblich ausdifferenziert worden, so dass allgemein gehaltene Orientierungstexte kaum mehr in der Lage sind, über die unterschiedlichen Bereiche qualitativer Sozialforschung gleichermaßen fundiert zu informieren. Notwendig sind deshalb Einführungen von kompetenten, d. h. forschungspraktisch erfahrenen und zugleich methodologisch reflektierten Autorinnen und Autoren.

Mit der Reihe soll Sozialforscherinnen und Sozialforschern die Möglichkeit eröffnet werden, sich auf der Grundlage handlicher und überschaubarer Texte gezielt das für ihre eigene Forschungspraxis relevante Erfahrungs- und Hintergrundwissen über Verfahren, Probleme und Anwendungsfelder qualitativer Sozialforschung anzueignen.

Zwar werden auch grundlagentheoretische, methodologische und historische Hintergründe diskutiert und z. T. in eigenständigen Texten behandelt, im Vordergrund steht jedoch die Forschungspraxis mit ihren konkreten Arbeitsschritten im Bereich der Datenerhebung, der Auswertung, Interpretation und der Darstellung der Ergebnisse.

Herausgegeben von
Uwe Flick
Freie Universität Berlin
Berlin, Deutschland

Angelika Poferl
Technische Universität Dortmund
Dortmund, Deutschland

Beate Littig
Institut für Höhere Studien
Wien, Österreich

Jo Reichertz
Kulturwissenschaftliches Institut
Essen, Deutschland

Christian Lüders
Deutsches Jugendinstitut
München, Deutschland

Weitere Bände in der Reihe http://www.springer.com/series/12481

Manfred Lueger · Ulrike Froschauer

Artefaktanalyse

Grundlagen und Verfahren

Manfred Lueger
Wien, Österreich

Ulrike Froschauer
Wien, Österreich

Qualitative Sozialforschung
ISBN 978-3-658-18906-8   ISBN 978-3-658-18907-5 (eBook)
DOI 10.1007/978-3-658-18907-5

Die Deutsche Nationalbibliothek verzeichnet diese Publikation in der Deutschen National-bibliografie; detaillierte bibliografische Daten sind im Internet über http://dnb.d-nb.de abrufbar.

Springer VS
© Springer Fachmedien Wiesbaden GmbH 2018
Das Werk einschließlich aller seiner Teile ist urheberrechtlich geschützt. Jede Verwertung, die nicht ausdrücklich vom Urheberrechtsgesetz zugelassen ist, bedarf der vorherigen Zustimmung des Verlags. Das gilt insbesondere für Vervielfältigungen, Bearbeitungen, Übersetzungen, Mikroverfilmungen und die Einspeicherung und Verarbeitung in elektronischen Systemen.
Die Wiedergabe von Gebrauchsnamen, Handelsnamen, Warenbezeichnungen usw. in diesem Werk berechtigt auch ohne besondere Kennzeichnung nicht zu der Annahme, dass solche Namen im Sinne der Warenzeichen- und Markenschutz-Gesetzgebung als frei zu betrachten wären und daher von jedermann benutzt werden dürften.
Der Verlag, die Autoren und die Herausgeber gehen davon aus, dass die Angaben und Informationen in diesem Werk zum Zeitpunkt der Veröffentlichung vollständig und korrekt sind. Weder der Verlag noch die Autoren oder die Herausgeber übernehmen, ausdrücklich oder implizit, Gewähr für den Inhalt des Werkes, etwaige Fehler oder Äußerungen. Der Verlag bleibt im Hinblick auf geografische Zuordnungen und Gebietsbezeichnungen in veröffentlichten Karten und Institutionsadressen neutral.

Lektorat: Katrin Emmerich

Gedruckt auf säurefreiem und chlorfrei gebleichtem Papier

Springer VS ist Teil von Springer Nature
Die eingetragene Gesellschaft ist Springer Fachmedien Wiesbaden GmbH
Die Anschrift der Gesellschaft ist: Abraham-Lincoln-Str. 46, 65189 Wiesbaden, Germany

Inhaltsverzeichnis

1 Artefakte in der sozialen Welt 1
   1.1 Artefakte in ihrer gesellschaftlichen Verankerung 3
   1.2 Artefakte: eine begriffliche Klärung 8

2 Zur Dimensionalität der Artefaktbedeutung 15
   2.1 Wahrnehmen von und mit Artefakten 15
   2.2 Denken mit Artefakten................................... 18
   2.3 In Artefakten inkorporierte Informationen und Wissensbestände .. 21
   2.4 Der Handlungsbezug von Artefakten........................ 23
   2.5 Artefakte als Vermittlungsinstanzen 25
   2.6 Artefakte als Unterstützung und Orientierung................. 27
   2.7 Normierung von Artefakten und durch Artefakte 29
   2.8 Artefakte als verdinglichte Sozialverhältnisse................. 31
   2.9 Artefakte als Medien der Verwandlung 33

3 Methodologische Grundlagen der Artefaktanalyse 35
   3.1 Die Welt der Artefakte in der interpretativen Sozialforschung 37
   3.2 Prinzipien der Artefaktinterpretation........................ 47
   3.3 Schlüsselfragen der Artefaktanalyse 52

4 Durchführung der Artefaktanalyse ... 59
4.1 Vorbereitung der Artefaktanalyse ... 59
4.2 Ebene: Kontext der Artefaktanalyse ... 66
4.3 Ebene: Existenzbedingungen des Artefakts ... 69
4.4 Ebene: Deskriptive Analyse ... 71
4.5 Ebene: Alltagskontextuelle Sinneinbettung ... 74
4.6 Ebene: Distanziert-strukturelle Analyse ... 77
4.7 Ebene: Komparative Analysen ... 87
4.8 Zusammenfassende Analyse ... 90

5 Einige Besonderheiten von Artefakten ... 93
5.1 Die Analyse zweidimensionaler Artefakte ... 93
5.2 Raumgestaltung ... 107
5.3 Technische Geräte ... 112
5.4 Belebte Artefakte ... 121

6 Methodische Ergänzungen ... 129
6.1 Gesprächsführung ... 129
6.2 Beobachtung ... 133
6.3 Strukturdatenanalyse ... 136

Literatur ... 141

Artefakte in der sozialen Welt 1

Was beeinflusst das Leben in der sozialen Welt besonders nachhaltig? Typische Antworten wären: Die anderen Menschen und ihr wechselseitig aufeinander bezogenes Handeln, weil diese erst den komplexen Aufbau von Gesellschaft ermöglichen. Ebenso könnte die natürliche Umwelt ins Treffen geführt werden, denn schließlich müssen wir unser Überleben in dieser Umwelt sichern. Aber genauso plausibel wäre die Argumentation, dass es die von Menschen geschaffene Umwelt ist, mit der wir besonders intensiv konfrontiert sind, weil uns diese nicht einfach naturwüchsig gegenübertritt, sondern mit der wir alle als Folge individueller oder kollektiver Aktivitäten die Bedingungen unseres eigenen Lebens gestalten.

Die folgenden Ausführungen befassen sich mit der dritten Antwort: Die erste ist ein typisches Thema der Sozialwissenschaften, die zweite adressiert die Naturwissenschaften, während die dritte nach dem Wechselverhältnis zwischen den Handlungen der Menschen und der dadurch von ihnen geschaffenen gegenständlichen Umwelt seltsamerweise viel weniger Aufmerksamkeit findet. Dabei ist die Bedeutung selbst bei nur oberflächlicher Betrachtung augenfällig: Denken Sie sich, während Sie das lesen, alles in ihrer momentanen Umgebung weg, was Menschen in irgendeiner Weise geformt haben. Zuerst wäre das Buch, das Sie gerade lesen, nicht mehr verfügbar. In der kalten Jahreszeit würde sich das Fehlen der Kleidung vermutlich sehr rasch ins Bewusstsein drängen. Sitzgelegenheiten, künstliche Beleuchtung am Abend und die Wohnung sowie das Haus, in der sich diese befindet, wären verschwunden. Denkt man sich die Kulturlandschaft weg, so würde das ein Fortkommen ohne gepflegte Wege durch Gestrüpp, urwüchsigem Wald und Bächen ohne Brücken reichlich beschwerlich machen. Und die vielen Annehmlichkeiten des Alltags würden wir vermutlich schmerzhaft vermissen: Fahrzeuge für den Transport, Telefone zur Verständigung, Zeitungen und Fernsehen für unsere Informationsversorgung. Sich Nahrung und Kleidung zu verschaffen wäre nicht nur höchst mühsam, sondern wir würden schnell bemerken, dass uns entsprechende Kompetenzen inzwischen fehlen. Selbst das bloße Überleben wäre schon mit hohen Anforderungen verbunden.

Richtet man den Blick auf jene Bereiche, in denen Artefakte eine zentrale Rolle spielen, so merkt man sofort, dass es schwierig ist, überhaupt einen Lebensbereich zu finden, in dem von Menschen hergestellte Gegenstände keine Rolle spielen. Kinder werden meist in Kliniken oder zumindest in einem Gebäude geboren, wir kleiden uns mit Stoffen, verändern unseren Körper durch Haarschnitt oder Training, wir verwenden Werkzeuge und technische Geräte, bewegen uns durch eine von uns mit Wegen durchzogenen und zur Nahrungsmittel- oder Holzproduktion spezialisierten Landschaft, wir wohnen in Gebäuden und essen Nahrungsmittel, deren Produktion und Verpackung von Maschinen unterstützt wird. Physik oder Chemie wäre vermutlich ohne Technikausstattung in ihren Möglichkeiten drastisch reduziert und bei Seh- oder Hörschwächen fehlten uns entsprechende Kompensationsmöglichkeiten durch Brillen oder Hörgeräte.

Dabei ist die Welt der Artefakte nicht so sehr in ihrer physischen Gestalt von Interesse, sondern weil sie einen wesentlichen Teil der sozial gestalteten Welt bildet. Deshalb meint Baudrillard (1991, S. 10f.) auch, dass es nicht darum geht, die Dinge nach ihren Funktionen in Kategorien einzuteilen, sondern um die Systematik der sich aus der Beziehung zwischen den Menschen und Dingen ergebenden Verhaltensweisen und Verhältnissen. Aber in den folgenden Ausführungen ist es nicht die Systematik, sondern die Struktur und Dynamik der Verschränkung von Vorstellungen, Wahrnehmungen und Handlungen der Menschen mit den von ihnen geschaffenen Gegenständen, die sich nicht einfach kontrollieren lassen, aber neue Chancen und Restriktionen eröffnen und dadurch das soziale Leben und die Gesellschaft insgesamt verändern sowie deren Entwicklung vorantreiben. In Artefakten manifestieren sich menschliche Aktivitäten, indem sie als Folgen von beiläufigen Tätigkeiten entstehen können, vielfach aber bewusst geplant, in Kooperation erzeugt und dabei mit besonderen materiellen sowie immateriellen Eigenschaften versehen werden. Sie verschaffen den Folgeaktivitäten neue Möglichkeiten oder setzen ihnen klare Grenzen. Der Umgang mit Artefakten verändert sowohl diese selbst als auch die mit ihnen konfrontierten Menschen und ihre Beziehungen. Der soziale Raum ohne Artefakte wäre damit nicht nur ein reichlich begrenzter, sondern es ist auch dieser selbstgeschaffene materielle Kontext, der so bedeutsam für das Verständnis individueller und kollektiver Phänomene ist.

Es ist also höchst erstaunlich, dass die Sozialwissenschaften dafür bisher nur begrenztes Interesse gezeigt haben und Artefakte in der soziologischen Theoriebildung meist nur als Randphänomen auftauchen, wenngleich sie in so gut wie allen soziologisch relevanten Themen präsent sind: Kommunikation ist in modernen Gesellschaften in vielen Fällen durch Medien (wie Zeitschriften, Fernsehen) und über technische Hilfsmittel vermittelt (Telefone, Radioapparate), der sozialisatorische Rahmen ist von Artefakten durchtränkt (dazu zählen alle Alltagsgegenstände), Kooperation und Arbeit wird weitgehend über Technik strukturiert (Ampeln, Maschinen), Bildung erfolgt in speziell eingerichteten Gebäuden (Schulen, Universitäten) mit entsprechenden Hilfsmitteln (Bücher, Computer), Herrschaftsverhältnisse werden über Architektur und Grenzen gefestigt und perpetuiert (Haftanstalten, Fußfesseln, Türen, Zäune), soziale Ungleichheit manifestiert sich darüber hinaus auch in und mittels Artefakten (Wohnungsgrößen und -ausstattung, Schmuck), Mobilität und damit auch Formen der Globalisierung sind wesentlich von entsprechenden Maschinen abhängig (Fahrräder, Lastkraftwägen, Schiffe, Flugzeuge). Menschen und soziale Gruppen können sich von anderen durch spezifische Gegenstände abgrenzen (Kleidung, Eigentum), das Bevölkerungswachstum ist von Verhütungsmitteln und von der Krankenversorgung (Medizintechnik) beeinflusst und für das emotionale Befinden sind häufig Artefakte ein wichtiger Bestandteil (Parfums, Prestigeobjekte, Erinnerungsstücke). Wir leben also in einer von uns Menschen in weiten Teilen selbst geschaffenen gegenständlichen Welt; und die Gesellschaft ist ohne den Einbezug dieser Teile der Welt nur unzureichend erfasst. Die umfassende Bedeutung von Artefakten für gesellschaftliche Prozesse und für das Verständnis dieser Prozesse macht es sinnvoll, sowohl soziologische Perspektiven als auch die empirischen Methoden in diese Richtung zu erweitern. Die Entwicklung einer elaborierten Artefaktanalyse ist daher ein möglicher Baustein zu einer sinnvollen Erweiterung des methodischen Repertoires zur Gesellschaftsanalyse.

1.1 Artefakte in ihrer gesellschaftlichen Verankerung

Artefakte verändern also auf vielfältige Weise das Zusammenleben in einer Gesellschaft. Beispielsweise modifizieren sie unser Verhältnis zur Zeit, indem sie uns die Instrumente geben, um Zeitpunkte und Zeitdauer genau zu messen, was uns in die Lage versetzt, komplexe Handlungszusammenhänge zeitlich zu koordinieren. Das ermöglicht nicht nur die exakte Abstimmung der Tätigkeiten mehrerer Personen in einer arbeitsteiligen sequenziellen Abfolge, sondern schafft die Voraussetzung zur Abstimmung von Fahrplänen in einem öffentlichen Verkehrsnetz oder die Strukturierung von Maschinenabläufen. Dadurch erhöht sich die Komplexität von Kooperationsbeziehungen, wobei solche Geräte außerdem eine enorme Zeitersparnis mit sich bringen können, wenn sie Tätigkeiten anstelle von Menschen nicht nur ausführen, sondern dies zudem mit hoher Geschwindigkeit und enormer Präzision tun. Umgekehrt können sie aber auch viel Zeit verschlingen. Das ist typischerweise der Fall, wenn man sich von Fernsehprogrammen berieseln lässt, die man nach kürzester Zeit schon wieder vergessen hat. Der moderne Alltag ist auf diese Weise vielfältig durch Artefakte mitstrukturiert.

Ähnliches gilt für Raumdistanzen, die Artefakte einfacher überwindbar machen. So könnte man einen Ozean nie schwimmend durchqueren – aber Schiffe oder Flugzeuge machen das nicht nur möglich, sondern verkürzen die dafür erforderliche Zeit. Wenn wir uns kein persönliches Bild von einer konkreten Situation machen können, so lassen sich unzugängliche oder gefährliche Orte mittels kamera- und sensorbestückten modernen Drohnen mit wenig Aufwand beobachten. Räume lassen sich neu strukturieren, indem wir Gebäude errichten, die nicht nur die Sichtperspektiven neu ordnen, indem wir blickdichte Barrieren zu Bereichen errichten, die vorher frei einsehbar waren oder erhöhte Aussichten durch Fenster bieten, den Raum umgrenzen und mit der Gestaltung von Zimmern und Gängen Gefühle der Geborgenheit, des Eingesperrtseins oder der Offenheit vermitteln. Darüber hinaus können wir über Kanäle oder spezielle Transportbehälter und Maschinen den Müll einfach von den dichtbesiedelten Gebieten abtransportieren, auf Mülldeponien oder Verbrennungsanlagen entsorgen und verschmutztes Wasser in Kläranlagen aufbereiten.

Vielfach werden Artefakte kombiniert und erzeugen auf diese Weise nicht nur neue Artefakte, sondern erhöhen deren Komplexität und ermöglichen oder erzwingen neue Formen der Koordination von Artefakten. Elektronische Geräte sind dafür ein herausragendes Beispiel: Sie bestehen aus verschiedensten Bauteilen, kombinieren unterschiedlichstes Wissen und steigern gerade durch diese Kombination die Leistungspotentiale von Artefakten enorm – bis hin zu Smartphones, die als eine Art Allzweckgerät nicht nur jede Menge Funktionen und Einzelteile in ein handliches Format verdichten, sondern auch vielfältige Beziehungen herstellen (z.B. Informationen abrufen, telefonieren, Nachrichten verschicken) und als externalisierte Denkapparate (z.B. als Rechenmaschinen) und Gedächtnisse (z.B. als Fotoapparat oder Datenspeicher) fungieren.

Das soziale Leben wird somit in vielen Bereichen und auf unterschiedlichste Weise durch Artefakte reguliert. Das geht bis hin zu Sachzwängen, indem Artefakte (durch KonstrukteurInnen vermittelt) vorgeben, was bei ihrem Gebrauch zu berücksichtigen ist. Natürlich ist es möglich, diesen Zwängen zu entgehen – aber mitunter nur unter großen Anstrengungen: Eine Mauer zu ignorieren, heißt, sie

1.1 Artefakte in ihrer gesellschaftlichen Verankerung

niederzureißen, darunter durchzugraben oder darüber hinweg zu klettern – aber das sind alles Handlungen, die die Mauer erzwungen hat. Auch die Bedienung eines Radios unterliegt solchen Zwängen – und wenn man sich dagegen auflehnt, kann man es nicht benutzen – außer man verwendet es auf eine Art, für die das Artefakt ursprünglich nicht vorgesehen war. So kann das Radio als Buchstütze dienen oder einen Ziegel in der Hauswand substituieren, wenn auch nicht mit der vergleichbaren Festigkeit oder isolierenden Eigenschaft.

Ob Artefakte in das Leben eingreifen und wie sie das tun, hängt wiederum mit ihrer Interpretation zusammen: Ein Radiogerät ist für jemanden, der die Bedienung und Funktionsweise nicht kennt, vielleicht einfach ein Kunstgegenstand, ein Wurfgegenstand oder bloß unnützer Müll. Insofern ist den Artefakten ihre Interpretation nicht eingeschrieben, sondern diese wird in alltäglichen oder besonderen Praktiken angeeignet. Erst dann wird ein Radio zum Unterhaltungs- oder Informationsbeschaffungsgerät. Auf diese Weise lassen sich Artefakte in vielfältige Kontexte einbinden, wobei viele Situationen und die Handhabung von Artefakten in diesen bereits vordefiniert sind (speziell in Deutegemeinschaften, die mit einer Situation auf ihre eigene Weise vertraut sind). Und mitunter fungieren sie als Symbole zur nationalen Integration, wie an Fahnen (im Zusammenhang mit Fußballspielen oder zu offiziellen Anlässen) oder Gebäuden deutlich erkennbar wird, mit denen zentrale Werthaltungen einer Gesellschaft zum Ausdruck gebracht werden (wie Parlamente, Kirchen oder Nationaldenkmäler).

Bevor Artefakte jedoch in die Gesellschaft wirken, müssen sie erst in die Gesellschaft eingebracht, d.h. erschaffen werden: Arbeiten hinterlassen gegenständliche Spuren (in Form von Gebäuden oder Schmutz), Geschirr wird designt und in Porzellanmanufakturen hergestellt und technische Geräte erfordern meist eine aufwändige Arbeitskoordination. Die mit ihnen konfrontierten Personen versehen die erzeugten Artefakte mit spezifischen Bedeutungen, wobei sie im Gebrauchskontext nicht nur abgenutzt werden, sondern sich im Zuge dessen die Sicht auf das Artefakt und damit ihre Bedeutung wandelt (z.B. Neuwagen versus Gebrauchtwagen). Und am Ende ihrer Gebrauchsphase werden viele davon entsorgt oder vernichtet. So gesehen ist eine wichtige Dimension der mit Artefakten notwendig verbundene soziale Prozess. Dieser lässt sich – ohne die Grenzen allzu scharf zu ziehen – in Planung, Herstellung, Gebrauch und Zerstörung unterteilen, wobei sich in jeder Phase die Wahrnehmung, Handhabung oder die Einbindung in soziale Aktivitäten unterscheidet: Im Herstellungsprozess als Frage ihrer Gestaltung, die auf der Umsetzung einer mehr oder weniger konkreten Vorstellung erfolgt und vielleicht der Kombination von Einzelteilen zu immer komplexeren Artefakten bedarf. Im Verwendungszusammenhang können natürliche Gegenstände durch deren Veränderung im Zuge ihres Gebrauchs in Artefakte verwandelt werden. Artefakte können weiteren Veränderungen (wie der Abnützung oder Umgestaltung) bis hin zur Zerstörung unterliegen. In vielen Fällen sind jedoch die Planung von Artefakten, ihre Erzeugung, ihr Gebrauch und teilweise auch ihre Zerstörung und Entsorgung voneinander getrennt.

In Konsumgütern wird die Differenzierung des Artefaktprozesses besonders deutlich: DesignerInnen planen sie, MitarbeiterInnen in einem Produktionsunternehmen stellen sie her und Handelsunternehmen vertreiben das neue Produkt an die KundInnen. Diese verwenden sie für ihre Zwecke, nutzen sie dabei ab oder modifizieren sie – und am Ende landen sie im Müll und werden von anderen Unternehmen entsorgt oder recycelt. Dieser Prozess sorgt für Arbeitsplätze, für Märkte, für Lebensqualität – greift also tief in das soziale Leben und die Beziehungen der daran Beteiligten und davon Betroffenen ein. Artefakte spielen daher eine bedeutsame Rolle in der Rahmung und Strukturierung gesellschaftlicher Prozesse.

Es ist daher nicht verwunderlich, dass Linde (1972) schon vor langer Zeit darauf hingewiesen hat, dass Sachen nicht nur soziale Verhältnisse begründen oder zum Ausdruck bringen, sondern damit auch wesentliche Grundelemente der Vergesellschaftung sind. Deshalb wäre es seiner Meinung nach zweckmäßig, dass sie auch als Grundkategorie soziologischer Analysen fungieren sollten. Die hier vorliegenden Ausführungen betrachten Artefakte in diesem Sinne nicht nur als einfache Gegenstände, sondern als integriert in einen sozialen Kontext, der einerseits auf die Gesellschaft verweist, die damit verbunden ist, aber auch auf individuelles und kollektives Handeln, dessen Koordinierung Artefakte hervorbringt und in der Verwendung aber davon selbst im Sinne einer Rückkoppelung beeinflusst wird. Artefakte sind also nicht für sich zu betrachten, sondern in ihrem sozialen Zusammenhang: Eine Pistole könnte gefährlich sein und unterliegt vielleicht gerade deshalb mitunter einer besonderen Kontrolle. Damit entsteht ein institutionalisierter Kontext, der den Gebrauch eines solchen Gegenstandes regelt (wer darf eine Pistole besitzen oder verwenden) und vielleicht mit Sanktionen belegt (wenn man sich etwa nicht an Gebrauchsregeln hält), was wiederum einer Struktur bedarf, welche die Sanktionsdurchsetzung ermöglicht (z.B. Gesetzgebung, Gerichtsbarkeit, Rechtsvollzug). Selbst Kinderspielzeug könnte sich als gefährlich erweisen, weshalb die Produktion, der Verkauf oder die Verwendung genauen Regeln unterliegen (wie Einsatz gesundheitlich unbedenklicher Materialien, Altersbegrenzung, Gebrauchsanweisung). Generell sind viele Aspekte des Artefaktumgangs institutionell geregelt: Das beginnt bei Herstellungsvorgaben (wie Produktionsnormen, patentrechtlichem Schutz, Sicherheitsvorgaben), geht weiter über den Verkauf (etwa im Handelsrecht oder durch Verträge zur Regelung von Tauschbeziehungen) und reicht bis hin zum Gebrauch (wie Verfügungsrecht, Sicherheitsvorkehrungen) und der Entsorgung (etwa unter Berücksichtigung der Mülltrennung). In diesem

1.1 Artefakte in ihrer gesellschaftlichen Verankerung

Sinne sind der Besitz, die Verfügungsgewalt oder die Aneignung von Kompetenzen im Umgang (wie Führerschein) nicht beliebig, womit Prozesse der Inklusion oder Exklusion einhergehen. All das hängt mit Macht und Herrschaft, sozialer Ungleichheit, Legitimationsstrukturen, Sozialisation, aber auch der Funktion von Wirtschaft oder Wissenschaft zusammen. Um sich diesen Phänomenen aus der Perspektive von Artefakten anzunähern, ist es wichtig, über ein entsprechendes Verfahren zur Analyse zu verfügen, das nicht den Gegenstand in das Zentrum stellt, sondern dessen sozialen Kontext.

Artefakte lassen sich folglich nur in ihren Sinnzusammenhängen analysieren, in denen einzelne Artefakte in unterschiedlichen Bedeutungen, Handlungskontexten und Situationen auftauchen. Solche differenzierte Kontexte bilden Sinnbezirke, in denen diese Gegenstände auf eine spezifische Art erscheinen und in eine geordnete Beziehung zu anderen Gegenständen, Handlungen oder Wahrnehmungsweisen gesetzt werden. Ein Teeautomat ist in einem Geschäft für Teeutensilien völlig anders verortet als in einer chinesischen Teezeremonie oder in einem Haushalt mit TeetrinkerInnen: Im ersten Fall geht es um einen Tauschkontext, in dem er als Haushaltsgerät präsentiert wird und in eine Kauf- bzw. Verkaufsverhandlung im Rahmen einer Geschäftsbeziehung eingebettet ist; im zweiten ist er ein Zeichen des Unverständnisses in Hinblick auf die Abhaltung einer chinesischen Teezeremonie und somit ein Störfaktor; im dritten Fall ist es ein Gebrauchsgegenstand zur Herstellung von Tee. In allen Fällen braucht es also eine Reihe von weiteren Utensilien (wie Verkaufstheke, zeremonielle Gegenstände oder Teetassen und ev. Teekapseln), ist gerahmt von spezifischen Handlungsweisen (wie Kaufhandeln oder Wohnungsalltag) und fokussiert die Wahrnehmung (etwa technische Eigenschaften, situative Passung, Alltagsfunktionalität).

Eine soziologische Analyse von Gesellschaft wäre daher verkürzend, würde sie die Bedeutung dieser Gegenstände für ihre Analysen ausblenden. Sie sind wesentliche Faktoren im Rahmen identitätsbildender Prozesse und kollektiven Zurechnungen, wie die Verwendung von Alltagsobjekten wie Kleidung oder Prestigeobjekten zeigt. Sie sind aber genauso integraler Bestandteil vieler sozialer Prozesse, die durch Artefakte gestaltet oder sogar erst ermöglicht werden, was an Straßen oder Telefonen unmittelbar erkennbar ist. Weder der Alltag noch die Arbeitswelt oder die öffentliche Ordnung lassen sich ohne den Einbezug von Artefakten in ihrer Funktionsweise und Komplexität hinreichend verstehen. Dabei handelt es sich um eine Wechselbeziehung: Um Artefakte zu verstehen, muss man die soziale Welt dahinter berücksichtigen; und um die soziale Welt zu verstehen, muss man die darin gehandhabten Artefakte berücksichtigen. All das lässt es überaus dringlich erscheinen, sich systematisch mit der Analyse von Artefakten zu befassen.

1.2 Artefakte: eine begriffliche Klärung

Vor einer genaueren Befassung mit Artefakten ist es zweckdienlich zu klären, was in den folgenden Ausführungen darunter verstanden wird. Zur Schärfung des Artefaktbegriffs ist es sinnvoll, erst einmal beim Begriff des Objekts zu beginnen. Dieses epistemische Objekt bildet die Ausgangsbasis der Überlegungen und kennzeichnet alles, worauf man sich beziehen kann. Das sind nicht nur materielle Gegenstände, wie Steine, Pflanzen, Tiere oder Personen, immaterielle Phänomene (z.B. Strahlung, Schwerkraft, dunkle Energie), Handlungsweisen mit materiellem Bezug (z.b. Winken mit der Hand, ein Fahrrad besteigen), theoretische Konzepte (z.B. Vertrauen, Macht, Faschismus) oder schlicht Ideen, Träume und Fantasien (z.B. Gestaltung einer Geburtstagsfeier, Bedeutung von Hexen, Wahngebilde), die rein im Bewusstsein ohne erkennbaren Außenbezug existieren. Es handelt sich also um Erkenntnisgegenstände, deren Materialität unbestimmt ist, aber die sich auf die Konstruktion der realen oder imaginierten Welt beziehen. Diese Objekte bestehen nicht einfach für sich, sondern sie werden dadurch konstituiert, dass sie Aufmerksamkeit erregen, das Bewusstsein zentrieren und in der Folge mit Bedeutung versehen werden. Insofern bringen erst Aktivitäten des Bewusstseins, der Wahrnehmung und Interpretation solche Erkenntnisobjekte in Existenz. Dennoch bleiben sie ein Objekt, das der Beobachtung und dem Verstand (also dem Erkenntnissubjekt) unabhängig von seiner Herkunft (als äußerer Reiz oder gedankliche Vorstellung) vorgesetzt ist, mit dem man sich daher befassen kann. Es macht keinen Unterschied, ob diese Erkenntnisobjekte unabhängig von Menschen (also der Beobachtung) existieren oder ob sie durch diese (etwa als Traum oder Idee) in die Welt gesetzt wurden. Folglich haben Objekte vorerst nicht notwendig ein Korrelat in der materiellen Welt, sondern sind in ein System von Verweisen integriert. So ist die Fantasiewelt ein wesentlicher Bestandteil von Träumen und des Denkbaren, mit dem man sich in der Literatur, im Alltag oder in der Psychoanalyse befassen kann, ist aber in ganz anderen Sinnzusammenhängen verortet als ein Gebäude mit den darin untergebrachten Produktionsstätten, Wohnungen, Geschäften und Museen, ihren vielfältigen architektonischen Ausdrucksformen oder dem für die Errichtung nötigen Wissen. Und auch die Pflanzenwelt, die uns Nahrungsmittel, Gifte oder einfach wunderbare Blüten verfügbar macht, hat eine direkte materielle Verankerung, welche die kognitive Bearbeitung anregt und dadurch in die Wirklichkeit unserer erlebbaren Welt eintritt.

Aber diese Einbettung in den Zusammenhang von Wirklichkeit ist nicht fixiert, sondern abhängig von Prozessen der Bedeutungsgenerierung. Das wird deutlich an den Überlegungen Blumers zur Bedeutung von Dingen (für ihn sind das alle Erkenntnisobjekte unabhängig von deren Materialität), wie er dies in den drei Prä-

1.2 Artefakte: eine begriffliche Klärung

missen des symbolischen Interaktionismus (Blumer 1969, S. 2ff.) formuliert: Nach der ersten handeln Menschen Dingen gegenüber auf der Grundlage ihrer Bedeutung für sie. Das macht die Bedeutung so interessant. Die zweite Prämisse streicht heraus, dass diese Bedeutung der Dinge aus der sozialen Interaktion zwischen Menschen entsteht oder abgeleitet ist. Das deutet sowohl auf eine wechselseitige Aushandlung der Erfahrungen mit den Dingen in dieser Welt, als auch auf die Wichtigkeit von Sozialisationsprozessen, die Menschen in die Vorstellungswelt ihrer Kultur einführen, diese stabilisieren und zu kollektiven Denk- und Handlungsmustern verdichten. Dass diese Bedeutungen niemals auf Dauer festgelegt sind, klärt die dritte Prämisse, wonach sie im interpretativen Prozess gehandhabt und abgeändert werden. Das wiederum macht nachvollziehbar, dass sich die soziale Wirklichkeit und die ausgehandelten Bedeutungen in permanentem Wandel befinden. So gesehen konstituiert sich die Wirklichkeit aus Erkenntnisgegenständen, die in der erlebten Welt im sozialen Kontext geformt und immer wieder reorganisiert wird.

Die Artefaktanalyse blendet jedoch erst einmal alle nicht-materiellen Objekte und damit Bezugnahmen auf Ideen, Theorien, Phantasien, Gefühle oder auch Strahlung aus und gelangt auf diese Weise zum Begriff der Gegenstände. Gegenstände im hier verstandenen Sinn bezeichnen jene Objekte, die unabhängig von ihrer Wahrnehmung in der Welt stofflich existieren, die wir also aufgrund ihrer Materialität in irgendeiner Form wahrnehmen können. Gerade diese Gebundenheit an ihre Materialität versieht sie mit einer mehr oder weniger ausgeprägten Widerständigkeit und mit materiellen Eigenschaften, die sie der sinnlichen Erkenntnis zugänglich machen. Die zugeordneten Eigenschaften leiten sich zum einen aus der Organisation des Handelns in der Konfrontation mit dieser Widerständigkeit (z.B. Ausdehnung, Härte), zum anderen aus der im Beobachter (bzw. einem beobachtenden Messsystem) ausgelösten Wirkung (z.B. Geruch, Geräusch) ab: Es sind daher nicht bloß Eigenschaften des Objekts, sondern Eigenschaften, die wir aus der Erfahrung im Umgang mit dem Objekt generieren (vgl. Mead 1987, S. 225ff.). Daraus folgt, dass ihre objektive Realität, also ihr Wesen, keineswegs problemlos identifizierbar ist, sondern dass mit der Feststellung ihrer gegenständlichen Existenz, insbesondere der Wahrnehmung und deren Interpretation im Sinne einer Konfrontation mit verfügbaren Konzepten, der Gegenstand als solcher abgrenzbar, identifizierbar und benennbar wird. Der Gegenstand wird auf diese Weise als ein äußerer materieller Gegenstand betrachtet, der zwar unabhängig vom Bewusstsein existiert, aber erst durch Interpretation Eingang in die soziale Welt erhält und dort seine Bestimmung erfährt.

In diesem Sinne geht die Artefaktanalyse von einer Differenz zwischen einer Realität außerhalb des Bewusstseins, die unabhängig von irgendeiner Wahrnehmung existiert, und einer Wirklichkeit aus, in der diese Gegenstände der äußeren Welt durch ihre Wahrnehmung, ihrer Interpretation und Handhabung, also ihrer Erlebnisqualität, zum Bestandteil der sozialen Welt werden. Gegenstände in der Realität werden also erst in der Auseinandersetzung mit ihnen und ihrer Aneignung (also zumindest ihrer Wahrnehmung und Bedeutungsbestimmung) zur Wirklichkeit in unserer Lebenswelt. Diese Produktion von Wirklichkeit ist von zwei Faktoren bestimmt: Zum einen durch die spezifischen Erkenntnisbedingungen, die einerseits von den Eigenschaften des Gegenstandes (z.b. physikalische oder chemische Eigenschaften, der Form) und andererseits von den Eigenschaften des Erkenntnisprozesses (z.b. Sinne oder Messinstrumente, Bedeutungszuschreibung, Verwendung) abhängen. Zum anderen ist es die soziale Auseinandersetzung mit dem Gegenstand, welche die Sichtweise auf diesen verändert. Bringt man das mit den oben genannten Prämissen des Symbolischen Interaktionismus bei Blumer (1969, S. 2ff.) in Einklang, so sind die Gegenstände nicht einfach Materie in der Welt draußen, sondern sie sind, indem sie wahrgenommen und identifiziert werden, mit Bedeutungen versehen, die wir in sozialen Kontexten immer wieder reorganisieren und die einen wesentlichen Bestandteil von Handlungsorientierungen, aber auch des sozialen Wandels bilden.

Diese gemeinsame Verhandlung der Bedeutung der Dinge findet im Alltag permanent statt, selbst wenn wir ganz einfache Gegenstände ansehen: So ist ein Stein nicht bloß ein Stein, sondern kann ein von einem Bildhauer gemeißeltes Kunstwerk sein, kann als Andenken in einer Vitrine geschätzte Erinnerungen bei bestimmten Personen wachrufen, kann als Zierde in einem Vorgarten dienen oder einfach als Baumaterial verwendet werden. Je nach Kontext, Betrachtungsperspektive und verfügbares Wissen erscheint der Stein als etwas Verschiedenes – der Stein ist plötzlich mehr als ein rein materielles Ding, das auch davon abhängt, wie wir dieses Material identifizieren – und etwa einen ‚Kunststein' oder einen ‚echten' Stein betrachten. Damit ist der Stein nicht so sehr in seiner bloßen Existenz und durch seine identifizierende Einordnung als Stein interessant, sondern als Bestandteil eines Kontextes, der erst seine Bedeutung und seine Einordnung in Sinnzusammenhänge ermöglicht. In ähnlicher Weise trifft das auch auf lebende Wesen, wie Personen, zu: Auch sie sind nicht bloß eine menschliche Gestalt, sondern verändern sich mit unseren Vorstellungen, die wir von diesen aus persönlichen Erlebnissen, aus Erzählungen anderer, aus Medienberichten gewonnen haben und die wir in Konfrontation mit diesen Personen anlegen, aber in Auseinandersetzung mit ihnen auch immer wieder festigen, verändern und in soziale Situationen einbringen.

Artefaktanalysen gehen noch einen Schritt weiter und klammern aus den Gegenständen jene aus, die nicht durch Menschen modifiziert wurden. Das hat

1.2 Artefakte: eine begriffliche Klärung

folgenden Grund: Während solche durch menschliche Aktivitäten hergestellten Dinge von Anbeginn an in einem sozialen Kontext existieren und durch ihre bloße Existenz Aktivitäten, Vorstellungen und soziale Ordnungsformen zum Ausdruck bringen – also die Gesellschaft bereits in sich tragen – gilt dies für natürliche Gegenstände nicht: Sie werden erst nachträglich durch ihre Wahrnehmung in soziale Kontexte einbezogen. Also: Als Artefakte werden demzufolge Objekte bestimmt, die in der materialen Welt als Gegenstände verankert sind, die durch menschliche Eingriffe erzeugt, gehandhabt, modifiziert oder verwandelt wurden und werden. Solcherart sind sie Externalisierungen menschlichen Handelns, die einmal in die Welt gesetzt, den Menschen als ihnen äußerlich begegnen und als solche in ihre Denk- und Handlungsweisen intervenieren.

Diese Einschränkung ist insofern sinnvoll, als es bei der Artefaktanalyse nicht bloß um die Bedeutungs- und Sinngenerierung im Kontext von Dingen geht, sondern um die Manifestation von Eingriffen in die Gegenstände, die in der Folge physisch präsent auf Verhaltensweisen einwirken und als Zeichen oder Symbole Sinngebungsprozesse anregen können. Im Gegensatz zu natürlichen Gegenständen bilden Artefakte aufgrund ihrer spezifischen Konstitution durch menschliche Eingriffe eine untrennbare Einheit mit Verhaltensweisen, mit individuellen oder sozialen Handlungen, aber auch mit dem spezifischen Denken, das im Zuge der Herstellung oder durch die Gegenstände angeregt und modifiziert wird, mit dem Wissen und den Kompetenzen, die im Umgang mit ihnen entwickelt oder angewandt werden, aber auch mit den Verweisen, die in ihnen zum Ausdruck gebracht werden. All diese Aspekte sind wesentlich für das Verständnis von Gesellschaft. In solche Artefakte gehen Bedingungen ein, die bewusst oder unbewusst ihre Gestalt beeinflusst haben (etwa perfekte oder mangelnde Gestaltungskompetenz, hinterlassene Spuren an einem Tatort), aber auch deren künftigen Gebrauch vorwegnehmen (etwa der Verkauf eines Schmuckstücks, der den Geschmack der möglichen KundInnen treffen soll und deren Kaufkraft entspricht). In der Artefaktanalyse befassen wir uns also nicht mit der Welt der Dinge in unseren Köpfen ohne materielles Substrat, auch nicht mit bloß physisch präsenten Gegenständen, die wir vorfinden, sondern mit dem Verhältnis der Menschen zu den von ihnen geschaffenen Gegenständen in einer Welt, die sie solcherart mitkonstituieren und die Frage, wie diese Artefakte in das gesellschaftliche Leben intervenieren.

Dieses gesellschaftliche Element von Artefakten macht deutlich, dass wir diese Artefaktwelt nicht nur selbst erschaffen und wir diesen Artefakten als materielle Gegenstände ausgesetzt sind, sondern dass wir sie uns in der Auseinandersetzung mit ihnen aneignen. Wir schreiben ihnen Bedeutungen zu, integrieren sie in Sinnzusammenhänge und internalisieren die damit verbundenen Aktivitäten. Auf dem Fahrrad zu fahren ist zwar für viele Personen eine selbstverständliche Aktivität, jedoch muss man diese erlernen, die damit verbundenen Bewegungen inkorporieren, sodass sie wie selbstverständlich ohne bewusste Zuwendung ablaufen. Nur weil wir den Umgang mit vielen Alltagsartefakten in unsere Praktiken als Automatismen integrieren, können wir uns problemlos durch die Welt bewegen: Wir öffnen Türen, weil wir die Funktionsweise von Türen, Schlössern, Schlüsseln und Türgriffen beherrschen. Wir lösen einen Fahrschein am Automaten, nur weil uns die Bedienung geläufig ist – aber wenn wir an einen anderen Automaten mit anderer Funktionsweise geraten, ist der Automatismus gestört und wir müssen die Gebrauchsanleitung studieren und uns über die Funktionsweise informieren. Und wenn man sich mit Freunden zu einem Tischtennisspiel trifft, so zeigt sich schnell, wer die Bewegungsabläufe besonders gut beherrscht. Man kann dieses Spiel auch nur bedingt über Bücher lernen; man braucht die unmittelbare Erfahrung mit den Besonderheiten des Tisches, des Schlägers oder des Balls. Insofern sind die Körper auf den Umgang mit Artefakten trainiert, sodass der Umgang mit ihnen gar nicht mehr als besondere Herausforderung auffällt, solange die inkorporierten Routinen nicht außer Kraft gesetzt werden (wie bei einem Defekt). Dazu kommt, dass diese Aneignung nicht gleichmäßig erfolgt, sondern mit sozialen Differenzierungen einhergeht: Dabei ist die Unterscheidung von RadfahrerInnen und Nicht-RadfahrerInnen noch vergleichsweise trivial; aber Artefakte als Eigentum, Geld oder die Bedienung komplexer Geräte schaffen Formen sozialer Ungleichheit, die durch Herrschaftsverhältnisse (etwa Erbrecht, Legislative) oder Bildungssysteme gestützt und perpetuiert werden.

Menschen machen Gegenstände zu Artefakten – und diese können unbelebt und belebt sein. Der typische und naheliegende Fall ist das unbelebte Artefakt, wie ein Schriftstück, dessen Inhalt jemand erdacht und auf Papier mit einem Schreibutensil oder mittels Drucker fixiert hat; oder ein Möbelstück, das der Tischler nach den Vorstellungen einer Designerin gebaut hat, von einer Restaurantbesitzerin erworben wurde und nun als Ausstellungsvitrine in Verwendung ist. Aber dasselbe gilt auch für Pflanzen, die gezüchtet und in ihren Eigenschaften verändert wurden und nunmehr in der Landwirtschaft höhere Erträge einbringen, den Lieferanten eine einfachere Lagerung ermöglichen und den KundInnen zumindest äußerlich ein perfektes Produkt versprechen. Auch Tiere werden auf diese Weise zu Artefakten, insofern ihre Eigenschaften verändert werden (Widerstandsfähigkeit gegen Krankheiten, schöneres Fell, mehr verwertbare tierische Produkte wie mageres Fleisch, Milch oder Eier) und somit durch Veränderung mit den Erwartungen ihrer BesitzerInnen oder eines Industriezweigs kompatibel gemacht werden. Und letztlich kann auch der menschliche Körper zum Artefakt werden, indem wir ganz bewusst in dessen Gestaltung eingreifen, unseren Eindruck auf andere zu kontrollieren versuchen und damit unser Selbstbild hegen. Artefakte beziehen sich

1.2 Artefakte: eine begriffliche Klärung

also auf jene Eingriffe, die einen Gegenstand nichtintendiert im Gebrauch oder durch intendierte und gezielte Eingriffe modifizieren. Dabei entstehen Grauzonen zwischen natürlichen Dingen, die zu Kunstwerken erklärt werden, Pflanzen die etwa durch menschliche Mobilität in neue Regionen verfrachtet werden und sich dort den neuen Bedingungen anpassen, oder auch Veränderungen des Menschen anhand ihres spezifischen Lebensstils. In diesen Fällen bleibt die Grenzziehung vage, ergibt sich aus der Bedeutung des Eingriffs und ist somit nicht immer vorweg eindeutig bestimmbar.

Aus ethischer Perspektive geht es jedoch nicht darum, Menschen, Tiere, Pflanzen und Gegenstände gleichzusetzen, sondern die Besonderheit der menschlichen Eingriffe herauszuarbeiten. Hier ist besonders zu beachten, dass die Materialität oder die grundsätzliche Beschaffenheit des Artefakts nicht im Zentrum der Betrachtung stehen, sondern der soziale Zusammenhang, in den ein Artefakt integriert ist: Also die Bedeutung der Zurichtung des Körpers und der dafür betriebene Aufwand im Alltagsleben und dessen gesellschaftliche Verankerung (z.B. Frisur durch professionellen Haarschnitt entsprechend modischer Trends, Gewicht und Kuren zur Erlangung der jeweiligen Idealfigur, Hautfarbe und Bräunungsstrategien zur Demonstration von Gesundheit und Jugendlichkeit). Den Menschen als Artefakt zu betrachten heißt also nicht, ihn zum physischen Gegenstand zu degradieren, sondern den Kontext der Modifikation des Körpers sowie des modifizierten Körpers einer kritischen Analyse zu unterziehen.

Zur Dimensionalität der Artefaktbedeutung 2

Artefakte sind also vielfältig in den Alltag integriert und aus diesem ohne gravierende Folgen für unsere Lebensqualität nicht wegzudenken. Um ihrer Bedeutung näher zu kommen, ist es allerdings sinnvoll, die verschiedenen Aspekte zu beleuchten, mit denen sie in das individuelle und kollektive Leben eingreifen. Die folgenden Ausführungen zu verschiedenen Bedeutungsdimensionen von Artefakten sollen uns ihrem Verständnis und somit auch den späteren Überlegungen zu ihrer Analyse näher bringen.

2.1 Wahrnehmen von und mit Artefakten

Bevor wir uns überhaupt mit Artefakten auseinandersetzen können, müssen wir sie erst als Gegenstände wahrnehmen. Allerdings werden diese Gegenstände nicht einfach so wahrgenommen wie sie eben sind, sondern diese Wahrnehmung hängt davon ab, in welcher Weise wir mit ihnen konfrontiert sind, also welche Beobachtungsperspektive wir an sie anlegen. Dabei sind, worauf Eisewicht (2016, S. 117ff.) verweist, äußere und innere Wirklichkeiten so verschränkt, dass die Wahrnehmung von Gegenständen zum einen von den internen Relevanzen, Wissensbeständen oder Intentionen abhängt, die zum anderen in Konfrontation mit den Gegenstandserfahrungen (also den wahrnehmbaren Dingcharakteristika wie Materialität, Größe, Form, Geruch, Geschmack) in eine Interpretation der Welt im Erleben transformiert wird.

Bei geschlossenen Augen oder bei Finsternis treten die visuellen Aspekte in den Hintergrund, während die mit Gegenständen verbundenen Geräusche, Gerüche oder die taktilen Reize an Bedeutung gewinnen. Genau genommen positionieren wir die Körpersensorik im Verhältnis zum Gegenstand, verändern die Position indem wir den Gegenstand von verschiedenen Seiten betrachten oder daran riechen und gelangen auf diese Weise anhand der Gegenstandserfahrung zu einer Vorstellung darüber, worum es sich handelt (oder zumindest handeln könnte). So gesehen vermitteln uns Gegenstände nicht einfach Eindrücke, sondern wir verschaffen sie uns, indem wir uns die Gegenstände durch Konfrontation mit ihnen aneignen: Wir sehen sie an und bekommen eine Vorstellung über ihre Farbe, Gestalt oder Ausdehnung; wir erspüren die Beschaffenheit der Oberfläche und erleben taktile Reize und die Haptik des Gegenstandes (vgl. Baudrillard 1991, S. 42ff.). Wir können daran riechen und erhalten nicht nur eine Idee über ihre Zusammensetzung und Duftvarianten, sondern setzen diese auch in emotionale Qualitäten um (wie angenehm oder abstoßend). Im Umgang mit ihnen erzeugen wir Geräusche und schließen daraus auf Materialien, deren Eigenschaften oder auch den Wert und die Schwierigkeiten in der Bearbeitung. Ebenso können wir versuchen, den Geschmack zu ermitteln, indem wir daran lecken oder eine Kostprobe nehmen. Egal ob es Speisen, Metallgegenstände, schleimige oder trockene, wohlriechende oder stinkende, süß oder holzig schmeckende Gegenstände sind oder metallische Geräusche erzeugen: all das sagt etwas über unser Verhältnis zu einem konkreten Gegenstand, seine von uns identifizierten Eigenschaften, ob wir sie gerne angreifen oder uns davor ekeln (zur Wahrnehmungspsychologie siehe Schönhammer 2013).

Vieles davon hängt vom kulturellen Erfahrungsraum, von Erfahrungen mit ähnlichen Gegenständen, der jeweiligen körperlichen Verfasstheit oder von Emotionen ab, die die Wahrnehmung orientieren. So fallen hungrigen Personen in ihrer Umwelt Essbares, Lebensmittelläden, Restaurants oder Essensgerüche besonders auf. Gegenstände sind als solche keineswegs neutral, sondern mit der Erlebniswelt und damit auch unserer kognitiven und emotionalen Erfahrungswelt verbunden. Deshalb spielt die sinnliche Erfahrung eine große Rolle bei der Kleidung (wie sich ein Stoff anfühlt), bei den Duftnoten eines Parfums, den Farben in der Wohnung (in minimalistischem Weiß, kalten, dunklen oder knallbunten Farbtönen) oder auch beim Anrichten von Speisen, das mitunter in guten Lokalen zur Kunstform stilisiert wird und wesentlich zum Gefühl unserer Lebensqualität beiträgt.

Aber es ist ebenso bekannt, dass die Wahrnehmung der materiellen Welt viel problematischer ist, als wir anhand unserer Alltagserfahrung vermuten könnten. Das liegt nicht an Wahrnehmungsstörungen, sondern an den Besonderheiten der Wahrnehmungsorientierung: Spezifische Wahrnehmungskontexte (etwa die typische Müller-Lyer-Täuschung) gaukeln uns etwas vor, was einer genaueren Prüfung

2.1 Wahrnehmen von und mit Artefakten

oft nicht standhält oder lassen uns bestimmte Dinge erkennen und verbergen andere (zu solchen Täuschungen siehe Calabi 2012). So gesehen ist es die Verarbeitung der in einem Kontext generierten Sinnesdaten, die den Gegenstand spezifizieren. Dabei ist zu berücksichtigen, dass die Wahrnehmung mit den von uns angewandten Kategorien zusammenhängt – und diese können sich deutlich unterscheiden. Was für jemanden ein interessantes Sachbuch ist, ist für eine frierende Person Brennmaterial – wenn auch eher als kurzlebiges Strohfeuer verwendbar. Und vielleicht ist genau dieses Buch ein prestigesteigerndes Ausstattungsobjekt für das Wohnzimmer, besonders, wenn es sich um ein kommentiertes und handsigniertes Exemplar eines Nobelpreisträgers handelt – selbst wenn man mit dem Inhalt nichts anfangen kann. Die konkrete Wahrnehmung eines Buches (oder eines beliebigen Artefakts) ist daher etwas anderes, als die mit dem Begriff ‚Buch' verbundene abstrahierte und idealisierte Vorstellung von einem Buch.

Eine weitere Besonderheit erlangen diese Gegenstände, wenn sie explizit als Artefakte, also von anderen erzeugt, interpretiert werden. Einem Gegenstand ist nicht immer anzumerken, ob er natürlich oder ein von Menschen geschaffener ist. So kann ein geschliffener Stein als Kunstwerk von einem natürlichem Kieselstein nicht zu unterscheiden sein: Während er in einer natürlichen Umgebung von Kieselsteinen in dieser verschwindet, wird die Differenz in einer Kunstausstellung bedeutsam und mit Sinn unterlegt – etwa als Reflexion des Verhältnisses von Kunst zu Natur. In anderen Fällen ist die Herstellung durch andere unmittelbar erkennbar: Speisen, Skulpturen oder Maschinen werden Personen oder Personengruppen zugerechnet. In diesem Fall erhalten die Gegenstände eine untrennbar mit ihnen verbundene soziale Bedeutung, indem Zuschreibungen von Wissen, handwerklicher Kompetenz, Interessen oder einfach die Anpassung an das soziale Umfeld (jemand kauft ein Artefakt, weil es alle haben; Speisen schmecken aufgrund des hervorragenden Kochs) vorgenommen werden. Auf diese Weise aktiviert ein Artefakt Interpretationen, die den sozialen Kontext charakterisieren und der durch die Wahrnehmung des Artefakts transportiert und modifiziert wird. Dadurch gewinnt eine Wahrnehmungsdimension an Bedeutung, welche sich damit befasst, auf welche Weise solche Artefakte auf Wahrnehmungen in ihrer Herstellung Bezug nehmen und wie sie in die Wahrnehmungswelt integriert werden. Dewey (2014, S. 62) erläutert das anhand eines feingewirkten Gegenstands, der für das Werk eines Naturvolkes gehalten wird. Dann stellt sich aber heraus, dass es sich um eine Kuriosität der Natur handelt. Der Gegenstand bleibt, wie er ist, aber er gehört nun nicht mehr in ein Kunstmuseum, sondern in ein naturhistorisches Museum; und seine Entstehung ist vom Kulturvolk abgelöst.

Im Alltag finden sich viele Beispiele für solche spezifischen Bezugnahmen: So hat die angenehme haptische Oberfläche des Interieurs eines Fahrzeugs möglicherweise wenig mit dessen Funktion zu tun, sondern vielmehr mit den Vorstellungen potentieller FahrzeugkäuferInnen, die in diesen Eigenschaften emotionale Qualitäten erkennen oder diese als Manifestationen der Produktqualität insgesamt deuten. Das Artefakt wird also unmittelbar mit der Herstellung und der aufgebrachten Kompetenz in Verbindung gebracht. Für seine Produktion ist nicht die Natur, sondern sind Menschen verantwortlich – die man notfalls sogar zur Rechenschaft ziehen kann (z.b. wenn das Interieur gesundheitsschädliche Dämpfe abgibt).

Im Zusammenhang mit Wahrnehmung leisten aber Artefakte noch etwas anderes: So können sie Wahrnehmungsleistungen enorm verbessern. Ein mit einem guten Fotoapparat angefertigtes Bild zeigt uns deutlich mehr Details des Abgebildeten, als wir mit unseren Augen wahrnehmen könnten. Man kann mit Teleobjektiven die Welt da draußen heranzoomen, oder mit Makroobjektiven die Feinheiten kleinster Objekte sichtbar machen; im Extremfall können wir mit Fernrohren oder Mikroskopen arbeiten – und diese wiederum lassen sich so modifizieren, dass sie ganz andere als nur die sichtbaren Welten erfahrbar machen: Mit Radioteleskopen oder Rasterelektronenmikroskopen können wir andere Eigenschaften der Welt wahrnehmen, als mit jenen Instrumenten, die mit sichtbarem Licht operieren. Solche Wahrnehmungssteigerungen findet man häufig: In Kernkraftwerken kann man mittels Dosimetern die Strahlenbelastung messen, Magnetresonanztomographen bieten ein sehr präzises inneres Körperabbild und Sensoren liefern Informationen über verschiedenste Umweltbedingungen, die unsere eigenen Sinne nicht erfassen können. Artefakte helfen uns also, den Wahrnehmungshorizont zu erweitern und die Genauigkeit des Erfassten zu erhöhen.

Während in den früheren Vergnügungsparks Hexenhäuser unsere Wahrnehmungswelt gründlich durcheinander schüttelten, erleben heutige BesucherInnen solcher Parks real anmutende Flugerfahrungen in entsprechenden Simulatoren. Artefakte erlauben also nicht nur Erlebnisse, die ohne sie nicht möglich wären (z.B. Fallschirmsprung, Tauchfahrt), sondern gewähren uns als Simulatoren Erfahrungen, die viele Menschen in ihrem Leben nie machen könnten (z.B. als Flugzeugpilot oder Zugführer). Und sie können uns mithilfe moderner Virtual-Reality Brillen in Welten versetzen, die es so gar nicht gibt – zumindest nicht außerhalb der Illusion.

2.2 Denken mit Artefakten

Unser Denken ist nicht nur im Kopf allein angesiedelt, sondern verwendet Bezugnahmen, die auch in den Wahrnehmungen unserer Welt liegen. Artefakte gehören zu solchen Bezügen, die sich nicht nur auf die Wahrnehmung beschränken,

2.2 Denken mit Artefakten

sondern verarbeitet und interpretiert werden – also konsequent mit dem Denken verknüpft sind. So gesehen ist ein Buch mehr als ein Gegenstand mit bedruckten Blättern: seine Gestalt weist es als spezifischen Gegenstand mit Bildern und Schrift auf den inneren Blättern aus (z. B. als Kunstbuch oder als Fachbuch, mit Hinweisen auf den Inhalt, AutorInnen oder Titel), der sowohl in der Herstellung als auch während des Lesens das Denken erfordert und anregt. SchriftstellerInnen brauchen dafür Wissen, Phantasie und Sprachkompetenz; LeserInnen müssen in der Lage sein, die Schrift zu entziffern, die Sprache zu verstehen und die Inhalte mit Bedeutung in einem Sinnkontext versehen. Erst die Verarbeitung und die Interpretation in unserem Denken macht es in der Folge so interessant, dass es Menschen kaufen, entlehnen und (hoffentlich) auch lesen und dabei unterhalten, informiert oder Vorstellungen angeregt werden. Aber man merkt schnell, dass ein Buch auf verschiedenste Weise das Denken animiert: Eine Autorin möchte ihre Ideen, die sie über lange Zeit sorgfältig erkundet und ausgearbeitet hat, für ein breiteres Publikum verfügbar machen; ein Verlag denkt an ein Werk, das sich gut verkaufen lässt und wichtig für den Erfolg des Verlages ist; ein Sammler könnte überlegen, wie er mit dieser Rarität umgehen kann, es vor Entwendung oder Verfall schützen kann und erörtert in Sammlerkreisen dessen Bedeutung; für eine Wissenschaftlerin ist es eine reichhaltige Quelle für originelle Anregungen oder ein Ärgernis, dem man entgegentreten muss; ein frierender Mensch sieht darin willkommenes Heizmaterial und dem Zornigen dient es als Wurfgeschoss. Daher lassen sich Artefakte nicht von kognitiven Aktivitäten lösen, egal ob man Interessierten neue Erkenntnisse vermitteln möchte, einen Roman zur Anregung der Phantasie liest oder daran denkt, inwiefern sich die Seiten für die Herstellung eines Papierfliegers eignen. Das gilt nicht nur für Bücher oder Schriftstücke. Es gilt für alle Gegenstände: die Brille ist mit einer Vorstellung verknüpft, wofür sie überhaupt da ist, was man braucht, wenn sie beschädigt wird. Auch wenn man nicht über alle Brillen etwas wissen muss, so wissen AugenärztInnen und NutzerInnen in der Regel, wie man sie verwendet und an eine Sehschwäche (z.B. Kurz-, Weitsicht- oder Gleitsichtbrillen), spezifische Sicherheitsanforderungen (Schutzbrillen), die Lichtstärke (Sonnen- oder Schweißerbrillen), an bestimmte Lichtverhältnisse (Golfbrillen), an Informationsbedarfe (Infobrillen) oder auch modischen Anforderungen anpassen kann.

Mitunter denken wir mit Artefakten. Ein einfaches Beispiel ist der bereits vor mehr als 3000 Jahren für Rechenaufgaben entwickelte Abakus, der es mithilfe eines Systems aus Kugeln oder Steinen (häufig in einem Rechenrahmen angeordnet) ermöglicht, einfache Rechenaufgaben, wie addieren, subtrahieren, multiplizieren, dividieren, quadrieren oder Ziehen der Quadratwurzel zu erledigen. Aber es ist nicht einfach eine Rechenmaschine, die den Menschen das Rechnen abnimmt, sondern es erleichtert die Rechenoperationen und entlastet die Denkleistungen, die mit diesen Rechenoperationen verbunden sind. Ähnlich verhält es sich mit grafischen Hilfsdarstellungen, die bestimmte Sachverhalte sinnlich erfassbar machen. Ein Beispiel dafür ist die Frage, warum die Zahl sieben beim Werfen mit zwei Würfeln häufiger vorkommt als die Zahl 6 oder 8, obwohl in all diesen Fällen genau drei Seiten eines Würfels in Kombination diese Zahl ergeben können, die Wahrscheinlichkeit also gleich sein sollte. Verdeutlicht man sich das Problem aber wie Blaise Pascal in einem grafischen Wahrscheinlichkeitsraum, in dem alle Kombinationsmöglichkeiten des Zusammenspiels von zwei Würfeln so als Quadrate angeordnet sind, dass in der ersten Zeile alle Kombinationen eingetragen werden, bei der der erste Würfel eins zeigt und die anderen nacheinander eins bis sechs, sowie in den folgenden Zeilen dasselbe Verfahren anwendet, dabei jeweils für den ersten Würfel die nächsthöhere Zahl einträgt (2 für die zweite und 6 für die letzte Zeile), so wird deutlich, dass die Diagonale in diesem Quadrat auch jene ist, welche die meisten Kombinationsmöglichkeiten aufweist, nämlich genau sechs. Daraus ergibt sich eine Wahrscheinlichkeit für die Kombinationszahl 7 von 6 Möglichkeiten aus 36 Kombinationen, also von 1/6. Das ist höher als die Wahrscheinlichkeiten der Kombinationszahlen 6 und 8, die bei jeweils nur 5 aus 36 Kombinationen eintreten. Die Grafik macht also etwas deutlich, was sonst nur schwer vorstellbar ist.

Viele Artefakte nehmen uns sogar das Denken ab: die Rechenmaschine, indem sie unsere mathematischen Unzulänglichkeiten kompensiert – wir brauchen nur mehr zu wissen, wie man die Aufgabenstellung für den Rechner definiert und wie man zu den Ergebnissen kommt; das Navigationssystem macht es unnötig, bei mikronesischen Seefahrern in die Lehre zu gehen, um uns unter widrigsten Bedingungen zurechtzufinden – es reicht eine einfache Kenntnis der Zielprogrammierung, um uns (abhängig vom Zustand der Batterie des Navis, der Satellitenverbindung, der Genauigkeit der im System verfügbaren Karte und der Präzision des verwendeten Positionierungssystems) in fremdem Terrain sicher zurechtzufinden; die Zeitungen versehen uns mit mehr oder weniger gut argumentierten Meinungen, die man ohne viel nachzudenken übernehmen kann, über die man sich ärgert (und vielleicht einen wütenden LeserInnenbrief verfasst) oder die man weitererzählen kann und vielleicht hilft, ein Gerücht zu verbreiten; Warnschilder erübrigen es, sich mit der Umwelt intensiv auseinandersetzen zu müssen; die Kleidung macht es häufig unnötig, sich lang über die soziale Verankerung einer Person zu unterhalten, weil man gelernt hat, soziale Zuordnungen zu treffen, auch wenn man damit vielleicht völlig falsch liegt.

Jedoch sollte man sich nicht vom Nutzen allein blenden lassen: Zwar bringt diese Entlastung von Denknotwendigkeiten und die Ergänzung unserer Denkfähigkeiten eine enorme Steigerung der Leistungsfähigkeit bei der Bewältigung unterschiedlichster Aufgaben; aber gerade weil wir von diesen Anforderungen entlastet werden, ist es nicht mehr nötig, sich entsprechende Kompetenzen anzueignen. Man braucht nicht mehr im Kopf etwas auszurechnen, weil der Rechner im Handy solche Aufgaben – zumindest komplexere – deutlich schneller und präziser erledigt. Wir brauchen nicht mehr nachzudenken, wo wir das Auto geparkt haben, weil wir über das GPS-System den Standort schon beim Abstellen genau bestimmen und es später auch wiederfinden. Wir brauchen nicht einmal zu wissen, welche Pflanzen genießbar und welche giftig sind, weil wir unsere Nahrung meist ohnehin in einem Geschäft kaufen. Wir brauchen auch nicht mehr so aufmerksam die Landschaft beobachten, weil wir sie fotografieren und später beliebig oft betrachten können. Die Leistungssteigerung auf der einen Seite ist daher mit einem Verlust an Denkkapazität und Kompetenzen auf der anderen verbunden – aber eröffnet möglicherweise neue Denkhorizonte.

2.3 In Artefakten inkorporierte Informationen und Wissensbestände

Im obigen Abschnitt war von Büchern die Rede – und zwar als Denkhilfe und Denkanregung. Dabei blieb eine wesentliche Komponente noch im Hintergrund: Bücher (nicht nur gedruckte, sondern auch Hörbücher) inkorporieren Wissen, das sie anderen verfügbar machen. Das gilt für viele Medien wie Zeitungen, Radio, Fernsehen oder das Internet mit den vielfältigen Informationsangeboten. Dabei ist die Verfügbarkeit dieses Wissens von der Art der spezifischen Artefakte abhängig, deren wir uns bedienen. Bei Büchern ist das noch einfach, aber um im Internet eine Suchanfrage zu starten, brauchen wir nicht nur die entsprechende Hardware (z.B. Computer, Smartphone), das dazu passende Betriebssystem und die erforderlichen Anwendungsprogramme, sondern die Vernetzung mit der Hard- und Software komplexer sozialer Akteure, wie Anbieter für Internetanschlüsse, die Leitungsbetreuung, Server und die mit diesen verbundenen Dienstleistungen; und letztlich jene, die das Wissen verfügbar machen, auf entsprechenden Geräten ablegen und den Zugriff gestatten.

Allerdings hat die bequem zugängliche Verfügbarkeit von gewaltigen Informationsmengen einen entscheidenden Haken, weil die abgerufenen Botschaften nicht per se vertrauenswürdig sind. So ist der Status des Vermittelten reichlich unklar, weil häufig der Kontext der Produktion nicht nachvollziehbar ist (z.B. ob es sich um einen wissenschaftlichen Beitrag, um einen Klub von VerschwörungstheoretikerInnen, um beliebige Einfälle oder gar um Intrigen handelt). Es geht daher nicht zwangsläufig um Wissen im Sinne geprüfter, zuverlässiger und von korrekten Prämissen abgeleitete Überzeugungen, an dem man sich verlässlich orientieren könnte, sondern um Informationen aus einer intransparenten und vielfach fragwürdigen Quelle. Deshalb müssen NutzerInnen eigene Strategien im Umgang mit diesen Informationen entwickeln, indem sie überlegen, wie sie die Glaubwürdigkeit oder Sinnhaftigkeit einschätzen – indem sie etwa die Herkunft, die Kompatibilität mit anderen Informationen oder die Verbreitung als Seriositätsindikator heranziehen. Daher erfordert der Umgang mit diesen Informationen ein eigenes und spezifisches Wissen, das nicht in den Artefakten verankert ist, jedoch die sinnvolle Verwendung der Informationen und des verfügbar gemachten Wissens erst ermöglicht.

Solche Artefakte vermitteln ein enormes Potential indirekten Lernens, indem wir uns mühsame Recherchen, Experimente oder Erfahrungen sparen können, weil andere uns ihre Erkenntnisse verfügbar machen. Eine umfassende Schulung zur Bedienung der Spiegelreflexkamera und zur ästhetischen Gestaltung der Fotos während der Aufnahme oder in der nachträglichen Bearbeitung wird ersetzt durch die gedruckte Gebrauchsanleitung, Informationen aus Internetquellen oder Bücher zur Fotografie. Und wenn wir eine kleine Reparatur im Haushalt durchführen wollen – eine hilfreiche Anleitung wird sich schon finden. Auch empirische SozialforscherInnen brauchen nicht alle Methoden neu zu erfinden – es gibt meist schon entsprechendes Wissen darüber, das in Büchern und Zeitschriften nachlesbar oder über das Internet abrufbar ist.

Die eben angeführten Beispiele charakterisieren nur die unmittelbar zugängliche Seite, denn grundsätzlich ist in allen Artefakten Wissen als sedimentierte Erfahrung verkörpert, wenngleich dieses Wissen in der Regel verhüllt bleibt, sich aber in den Praktiken im Umgang mit den Artefakten erschließt: Ein Zaun signalisiert das Wissen um dessen Aus- oder Einschlussfunktion, er verkörpert aber auch das Wissen über dessen Herstellung. Eingelagert wird dieses Wissen daher in den abgrenzenden Praktiken einer Gesellschaft, die sich der Zäune bedient: Bereits deren Erzeugung nimmt die spätere Verwendung vorweg (z.B. Signalisieren von Besitzansprüchen, Festhalten von Vieh an einem umgrenzten Ort, Verhindern von Eindringen auf Privatgrund); im Zaun manifestieren sich zudem Produktionsweisen in einer Gesellschaft und das Wissen über Materialien, deren Verwendbarkeit und Bearbeitung (z.B. Maschendraht, Holz, Stein). Jedoch lässt sich ein Maschendrahtzaun auch als Kletterhilfe für Pflanzen benutzen, um eine Mauer zu beschatten, weshalb der als Zaun gedachte Gegenstand unterschiedliche Informationen über den Gebrauch verfügbar macht, die kontextspezifisch gehandhabt werden. Gerade in diesem Zusammenhang erweist sich die Batesonsche Formel, dass Information ein Unterschied ist, der einen Unterschied macht (Bateson 1985,

S. 582), als besonders hilfreich: Artefakte deuten etwas an, das aber erst in der Handhabung umgesetzt wird. Damit verschmilzt das eingelagerte Wissen mit dem Wissen der AkteurInnen, welche die Artefakte verwenden.

Diese Verankerung von Wissen und spezifischen Leistungen in Artefakten erleichtert uns das Leben, indem sie uns bestimmte kognitive Anstrengungen abnehmen: Wir müssen mit der Natur nicht vertraut sein, weil wir im Zweifelsfall nachschlagen können, ob die gesammelten Pilze genießbar sind oder für psychedelische Erfahrungen taugen. Der Gartenzaun teilt uns mit, wo die Grenze zu fremden Eigentum verläuft, und notfalls hilft ein Blick in das Liegenschaftskataster (Deutschland) oder in die digitale Katastralmappe (Österreich) – wir brauchen also nicht mühsam die komplexen Flächenstrukturen und Eigentumsverhältnisse recherchieren. Und wenn wir fragile alte chinesische Porzellantassen handhaben, so teilen sie uns mit, dass sie nicht auf einen Steinboden aufschlagen sollten, um langfristig SammlerInnen oder TeegenießerInnen zu erfreuen.

2.4 Der Handlungsbezug von Artefakten

Die bisherigen Ausführungen lassen schon erkennen, dass unser Handeln eng mit Artefakten in unserer Welt verbunden ist. Wir lassen in der Küche einen Korkboden verlegen, weil wir ungeschickt sind und dieser Boden nicht gleich alles zu Bruch gehen lässt, was uns aus den Händen rutscht (im Gegensatz zu harten Keramikfliesen) und weil wir wissen, dass Glas zerbrechlich ist und der Korkboden zumindest einen Teil der Aufprallenergie aufnehmen kann (auch wenn das die meisten Menschen nicht so ausdrücken würden). Die Verlegung erfordert wiederum spezifische Kompetenzen hinsichtlich der Aufbereitung des Untergrunds oder der Verwendung von Klebern, aber auch in Hinblick auf die optische Wirkung, wobei die Eigenschaften eines Korkbodens auch die spätere Pflege beeinflussen.

Bestimmte Tätigkeiten im Umgang mit Artefakten erfolgen weitgehend automatisiert, wie man am Beispiel des Autofahrens gut nachvollziehen kann. Man zerlegt die erforderlichen Handlungen nicht in Einzelaktivitäten, wie etwa die sukzessive Bewegung einzelner Muskeln oder Muskelgruppen, um einen Schaltvorgang einzuleiten; man muss sich auch nicht vergegenwärtigen, dass zuerst mit dem Fuß die Kupplung zu treten ist, dann der Ganghebel mit der Hand in die richtige Position gebracht werden muss, um danach die Kupplung mit etwas Gefühl wieder loszulassen und gleichzeitig mit dem anderen Fuß das Gaspedal diesem Vorgang angepasst zu bedienen, ohne dabei das Lenkrad zu vernachlässigen oder das Verkehrsgeschehen zu ignorieren. Die Komplexität solcher Vorgänge, also die

Strukturierung der Wahrnehmung, die koordinierte Steuerung verschiedenster Muskeln und die Bedienung der Technik wird besonders für Anfänger spürbar, die sich mit dem Zusammenspiel der einzelnen Teilaktivitäten abmühen und dabei mitunter einzelne Aspekte oder gar den Gesamtzusammenhang aus dem Auge verlieren. Mit der Zeit verbindet sich jedoch das Handeln mit den entsprechenden Artefakten und ihren Eigenschaften, sodass das Handeln nicht nur flüssig abläuft, sondern mit der Routine die damit verbundenen Tätigkeiten in Hinblick auf das Artefakt Auto aus dem Bewusstsein entschwinden, sodass man mitunter gar nicht merkt, wo man die letzten Kilometer entlanggefahren ist und was da alles an Fahraktivitäten erforderlich war. Auf diese Weise wird häufig handwerkliches Wissen mit der Erfahrung in inkorporiertes Wissen verwandelt, das zunehmend weniger explizierbar wird: Die Perfektion liegt dann nicht mehr in der genauen Befolgung irgendwelcher Regeln im Artefaktumgang, sondern in der inkorporierten Umsetzung der Erfahrung, sodass diese Leistung gar nicht mehr als besondere Kompetenz auffällt (RadfahrerInnen müssen sich daher nicht permanent und bewusst um ihr Gleichgewicht kümmern – sie fahren einfach).

Manche Handlungen delegieren wir an Artefakte, was in unserer Gesellschaft durchaus verbreitet ist: Fahrzeuge erübrigen ausgedehnte Wanderungen in die nächste Stadt und ein Automatikgetriebe übernimmt den oben beschriebenen Schaltvorgang. Artefakte ersparen uns viele aufwendige Tätigkeiten, die im modernen Alltag reichlich trivial erscheinen: So muss man sich nicht der komplexen Arbeit widmen, die mit dem Vorbereiten eines Feuers verbunden ist, wenn man den mit Strom betriebenen Herd einschaltet oder mittels Feuerzeug den Gasofen anzündet. Oder wir setzen uns vor den Fernseher und sehen und hören die Berichte, Erzählungen, Hinweise oder auch Erlebnisse anderer. Wir müssen also nicht hinaus in die Welt, um zu erfahren, was in dieser passiert – zumindest wenn wir die gebotenen Informationen ernst nehmen. Selbst MitspielerInnen beim Schach lassen sich durch ein Schachspielprogramm ersetzen. Dadurch wird es sogar möglich, jederzeit gegen einen nach Schwierigkeitsgrad auswählbaren virtuellen Gegner anzutreten, ohne die drohende soziale Schmach des Verlierens ertragen zu müssen. Letztlich ersetzt Technik die Arbeit vieler Menschen, was in der automatisierten Produktion besonders spürbar wird: Maschinen und elektronische Steuergeräte steigern die Produktivität eines Unternehmens gewaltig; und was ursprünglich viele Menschen geleistet haben, erfordert heute nur mehr wenig Menschen, welche die Maschinen und die Abläufe programmieren und kontrollieren, Serviceleistungen durchführen und für die Integration der verschiedenen Produktionsprozesse in den Unternehmensprozess sorgen.

Auch hier gilt, was für Denk- und Wahrnehmungsleistungen gilt: Die Erweiterung der Handlungsspielräume und die Abnahme von Handlungen durch Artefakte macht entsprechende Handlungskompetenzen überflüssig, weshalb diese vielfach verloren gehen. Die Fähigkeit, sich Kleidung zu weben und zu nähen ist kaum erforderlich. Bestenfalls näht man einen Knopf an oder kürzt die Hose – aber weiter reicht meist weder das Wissen noch die handwerkliche Fähigkeit. Und vielfach fehlt auch noch das nötige Werkzeug, um die erforderlichen Handlungen verrichten zu können. Zwar finden sich in vielen Haushalten noch kleine Werkzeugkisten mit den einfachen Werkzeugen wie Hammer, Schraubenzieher, Bohrer oder Zangen, aber für aufwendige Reparaturen reicht das kaum mehr, sofern man sich nicht als HeimwerkerIn mit semiprofessioneller Ausstattung versteht und die handwerklichen Fähigkeiten als Hobby perfektioniert.

2.5 Artefakte als Vermittlungsinstanzen

Viele Artefakte sind zwischen den Menschen positioniert, setzen sie in Beziehung und modifizieren dadurch Strukturen und Prozesse der Gesellschaft. Ein typisches Beispiel ist die Kleidung, mit der die TrägerInnen sich selbst in Hinblick auf andere Personen und unter Bedacht auf die jeweilige soziale Situation verorten, egal ob sie sich mit Frack, Ballkleid, Jeans, Badeanzug oder Tracht kleiden. In höfischen Gesellschaften war das sehr deutlich auch mit normativem Bezug zu erkennen: So durften bestimmte Farben nur von höchsten Würdenträgern verwendet werden, die Zurechnung der Kleidung ermöglichte eine direkte Einordnung in den sozialen Stand des Gegenübers mit all seinen Konsequenzen für soziales Handeln (Simon-Muscheid 2010).

Kleidung ist deshalb so interessant, weil sie vielfältige soziale Vermittlungsfunktionen erfüllt: In hierarchischen Ordnungen bringt sie häufig nicht-reziproke partikulare Normen (Popitz 1980, S. 37 ff.) zum Ausdruck und signalisiert, dass Rechte und Pflichten einer bestimmten sozialen Gruppe einer anderen gegenüber sich keineswegs decken. Uniformen bieten Orientierung in Hinblick auf Zugehörigkeiten, Funktionen oder Berechtigungen in bestimmten sozialen Situationen (etwa Vereinsmitgliedschaft, Rettungskräfte, Polizei, Verkaufspersonal). Subkulturen wiederum machen mittels ihres Outfits gerne auf partikulare Normen aufmerksam, die sich auf Verhaltensregeln jener beziehen, die sich mit ihr identifizieren. Ähnliches kann durch Tattoos erreicht werden, die mitunter als dauerhaftes Zugehörigkeitssymbol zu lesen sind. Auf diese Weise wird Zurechnung oder auch Abgrenzung vermittelt, wobei man nicht nur Nähe und Distanz signalisiert, sondern über die äußere Erscheinung schon erste Anhaltspunkte liefert, an welche soziale Verhaltensmuster man sich eher schon oder eher nicht hält. Insofern haben Kleidung und andere Artefakte sowohl etwas mit der Identität jener Personen zu

tun, die sie verwenden, als auch mit der Art der Beziehung, in der sie zu anderen stehen (siehe die Beiträge in Holenstein et al. 2010; Soeffner 2004, S. 191ff.).
Im Alltag vermitteln manche Dinge zwischen den Menschen, indem sie Koordinationsaufgaben übernehmen. Typisch dafür sind Hinweisschilder, die eine direkte Kommunikation überflüssig machen und eine massentaugliche Verständigung ermöglichen – und das in Abwesenheit jener, die eine solche Botschaft übermitteln. Auch übernehmen solche Artefakte Legitimationsfunktionen, indem etwa die Veröffentlichung in Amtsblättern oder in Aushängen die Geltung von Entscheidungen bekanntmacht, was Verbindlichkeit herstellt, Abweichungen identifizierbar und möglicherweise sanktionierbar macht.

Auch Smartphones fungieren als Vermittlungsinstanzen, die eine Verbindung über weite Distanzen, sei das auf verbaler, schriftlicher oder auch visueller Ebene ermöglichen. Allerdings ist diese technische Vermittlung von Kommunikation davon abhängig, inwieweit man sich vertraglichen Regelungen – etwa einem Handyvertrag – unterwirft und inwieweit die Telefonanbieter sich selbst über die erforderliche Infrastruktur vernetzen. So gesehen machen Produktionsunternehmen von Smartphones diese nicht nur als Endgeräte für die NutzerInnen verfügbar, sondern stellen Anschlussfähigkeit für die Netzbetreiber her, vermitteln also auf technischer Ebene zwischen NutzerInnen und Infrastrukturanbietern, die wiederum selbst auf unterschiedliche Weise verbunden sind.

Die Vermittlung ist also nicht reduziert auf die Mitteilungsfunktion zwischen Menschen, sondern schließt die Vernetzung von Artefakten ein, sofern sie sich verkoppeln und zu größeren Strukturen erweitern lassen. Das sind etwa die einzelnen Elemente eines Gebäudes, die erst in Kombination dessen Struktur, seine Wirkung und auch das Image und Flair ausmachen. Es sind auch die Kombinationen einer CD mit einem CD-Spieler, Verstärkereinheit und Lautsprecher, die die CD erst hörbar machen, und deren Bestandteile möglicherweise einzeln ganz anderen Gebrauchsweisen unterliegen. Diese Vermittlungsfunktion integriert Artefakte in Netzwerke, und zwar sowohl in Artefaktnetzwerke (z.B. „Internet der Dinge"), aber auch in die mit den Artefakten verbundenen sozialen Netzwerke, wie Märkte, Produktionsbetriebe oder auch Nutzergruppen. Insofern lassen sie sich in der Analyse nicht von ihren Vermittlungsfunktionen entkoppeln.

Mitunter wird diese Vermittlungsfunktion sogar zum zentralen Bezugspunkt eines Artefakts. Besonders sticht das im Fall von Geld heraus, das als generalisiertes Tauschmedium den Handel nachhaltig vereinfacht, zumal auch der Glaube an das Geld institutionell gestützt ist (Simmel 1987). Geld existiert dabei in vielfältigen Formen (Münzen, Geldscheine, Kreditkarten, Bankkarten), wobei es zunehmend nicht mehr als unmittelbares Artefakt greifbar ist, sondern über andere Artefakte vermittelt wird (wie Computersysteme im Finanzsektor). Geld erlaubt es daher nicht bloß, etwas zu kaufen oder zu verkaufen, sondern hat vielfältige symbolische Bedeutungen, die auch als soziale Zuordnungskriterien fungieren und damit eine inklusive oder exklusive Wirkung erzeugen, welche die Teilhabe an spezifischen gesellschaftlichen Ereignissen regeln (im einfachsten Fall über bezahlte Eintrittskarten).

2.6 Artefakte als Unterstützung und Orientierung

Artefakte bieten also eine Reihe von Annehmlichkeiten, deren wir uns jederzeit bedienen. Für uns ist es selbstverständlich, ein Getränk in der Flasche zu transportieren oder aus einem Becher oder Glas zu trinken. In Einkaufstaschen tragen wir unsere Nahrungsmittel oder neuesten Erwerbungen nach Hause und Krücken helfen uns bei der Fortbewegung, sollten wir uns einmal ein Bein gebrochen haben.

Besonders bewusst wird der Einsatz von Artefakten zur Unterstützung im Fall von Prothesen als Ersatz für körperliche Beeinträchtigungen. Das betrifft den Zahnersatz, den Ersatz von Händen oder Beinen. Dazu kommen eine Reihe von Artefakten, die körperliche Funktionsprobleme kompensieren, wie Brillen oder Herzschrittmacher oder Medikamente, die den Krankheitsverlauf hemmen, bestimmte Substanzen im Körper substituieren oder den Heilungsprozess unterstützen. Solche Artefakte sind eine unmittelbare Hilfe zur Bewältigung des Alltags und mitunter lebensrettend oder -verlängernd.

Aber man kann die Leistungsfähigkeit des Körpers nachhaltig steigern, wofür Trainingsgeräte, aber auch Drogen zur Erhöhung der Reaktionsgeschwindigkeit, zum Aufbau von Körpermasse oder auch zur Beruhigung nützlich sein können. Sport ist so gesehen nicht nur eine körperliche Leistung, sondern wird nachhaltig von Artefakten unterstützt: In Form von Sportgeräten (Schlittschuhe, Barren, Boote, Rennautos), Sportbekleidung (Schutzanzüge für MotorradfahrerInnen, besonders gleitfähige Badeanzüge, Funktionskleidung) oder diverse Sportartikel, die bei der Ausübung des Sports nützlich sind (Haken und Seile für das Klettern, Taucherbrillen, Sportler-Magnesia für Turnen und Freiklettern). Viele Leistungsrekorde wären ohne diese Hilfsmittel nicht möglich, wobei die Leistungen meist mittels technischer Geräte gemessen werden und der Aufbau körperlicher Leistungsfähigkeit mit medizinischen Artefakten begleitet wird, um einen systematischen und in Hinblick auf Wettkämpfe zielgerichteten Körperaufbau betreiben zu können und im Fall von Verletzungen diese schneller heilen lassen. Dazu kommen die Sicherheitsmaßnahmen in der Sportausübung, sodass die speziellen Monocoques, etwa bei Rennautos oder Rennbooten, die Überlebenschance bei Unfällen bei hoher Geschwindigkeit deutlich erhöhen, Schutzzäune Schipisten absichern,

Seilsicherungen das Verletzungsrisiko im Fall eines Absturzes reduzieren oder Matten Stürze abfedern.

Geht man über diese Artefakte zur Steigerung der körperlichen Leistungsfähigkeit hinaus, so ist die Unterstützung durch Artefakte so weit verbreitet, dass wir diese vielfach gar nicht mehr bewusst wahrnehmen. Das einfachste Beispiel sind Anleitungen zur Inbetriebnahme und für den Gebrauch technischer Artefakte oder Bauanleitungen für Möbel oder andere Dinge, die wir in halbfertigem Zustand erworben haben. Vielfach wird die Unterstützungsleistung erst dann bewusst, wenn sie uns im Fall ihres Aus- oder Wegfalls oder im Fall einer Störung in eine unangenehme Situation bringen: Dann wird der Aufstieg in ein höher gelegenes Stockwerk eines Hochhauses zur schweißtreibenden Angelegenheit und ohne Schuhe kann der Weg für schuhverwöhnte Füße schmerzhaft ins Bewusstsein treten.

Artefakte leiten die Menschen durch ihre Alltagsräume: Wege und Straßen räumen nicht nur Hindernisse aus dem Weg, sondern geben vor, wie wir uns auf unseren Reisen oder Wanderungen sicher bewegen können, wobei uns Wegweiser oder Navigationssysteme sagen, wie wir das Ziel finden, ohne uns auf Abwege oder in gefährliche Situationen zu begeben. Barrieren schützen uns vor Abstürzen und Brücken ermöglichen uns eine bequeme Überquerung von Flüssen oder Schluchten. Und im Zweifelsfall können wir zu günstigen Konditionen öffentliche Transportmittel in Anspruch nehmen. Die ausgeprägte Mobilität der heutigen Gesellschaft wäre ohne Artefakte nicht möglich.

In zeitlicher Hinsicht sind es Zeitmesser und Taktgeber, die es den Menschen ermöglichen, sich zu einem wohldefinierten Zeitpunkt zu treffen oder Zeiträume für die Erledigung von Aufgaben zu bestimmen. Solche Zeitmesser machen etwas sehr Unbestimmtes zu etwas Bestimmten, indem die Zeit festgehalten und in Zeiträume unterteilt werden kann und spielen in der Kulturgeschichte eine wichtige Rolle (Demandt 2015). Zeitmesser basieren auf sehr unterschiedlichen Vorstellungen, wie man abstrakte Zeit beobachtbar machen kann: Das war in frühen Zeiten die Menge des Wassers, das aus einem Behältnis ausläuft, wobei man die ausgelaufene Wassermenge messen und einer bestimmten Menge einen definierten Zeitraum zuordnen kann. Heute sind es häufig Schwingungen (etwa eines Quarzes), die Zeit, allerdings nun wieder mit Hilfe anderer Artefakte, beobachtbar und messbar machen. Wie wichtig solche Zeitmessungen sind, kann man auch daran erkennen, dass viele alte Hochkulturen die Länge des Jahres mit enormer Präzision vorhersagen konnten, eine Messung, die ebenfalls Artefakte erforderte: etwa Obelisken und entsprechende Beobachtungsaufzeichnungen des geworfenen Schattens auf haltbaren Materialien über lange Zeiträume hinweg. So war es nicht nur möglich, die Sonnenwende exakt zu bestimmen, sondern auch die Länge des Jahres auf etwa 365 Tage und ¼ Tag festzulegen.

Heute ist uns dieses Problem der Zeitmessung nicht mehr so recht bewusst, reicht doch der Blick auf die Armbanduhr oder auf das Smartphone, um uns über die genaue Zeit zu informieren. Uhren begleiten uns sowohl durch den privaten als auch den beruflichen Alltag, lassen die Arbeitszeit genau bestimmen und Züge pünktlich ankommen. Auch die Artefakte selbst können auf diese Weise aufeinander abgestimmt werden. So benötigen Computer genauso Taktgeber wie moderne Waschmaschinen oder Fotoapparate. Diese Taktgeber sind meistens in unterschiedlicher Form in den Gegenständen versteckt: als Quarzoszillatoren oder Unruhen in Uhren und Prozessortaktgeber in einem Computerchip, als Metronom für Musiker oder als Schlitzverschluss in der Fotografie.

Diese Orientierung geht aber noch weiter, indem uns die Artefakte signalisieren, um welche soziale Situation es sich handelt und welche Verhaltensweisen in dieser angebracht sind. So ist im Konzertsaal während der Aufführung klassischer Musik das Mitklatschen unerwünscht – es sei denn, es handelt sich um den Radetzkymarsch beim Sylvesterkonzert der Wiener Philharmoniker im Wiener Musikverein: Hingegen ist genau dieses Mitklatschen oder gar Mitschunkeln in vielen ländlichen Festzelten geradezu erwünscht. Im Lesesaal einer Bibliothek ist lautes Reden nicht gestattet, in einem Geschäft kennt man meist den Unterschied zwischen VerkäuferInnen und KundInnen, im Lokal verzehrt man bestellte Speisen und kocht sie nicht selbst in der Küche. Wir erkennen an den Schildern, der Ausstattung, den Gebäuden und der Kleidung, in welcher Situation wir uns gerade befinden und können unser Verhalten entsprechend ausrichten, ohne zu sehr aus dem Rahmen zu fallen.

2.7 Normierung von Artefakten und durch Artefakte

Artefakte sind nicht losgelöst von Regeln in der sozialen Welt. Besonders auffällig wird das, wenn sie Normierungen verkörpern (Klein 2008). Dazu zählen Herstellungsnormen, wie sie uns in vielen Alltagsprodukten begegnen: Lampen weisen bestimmte Wattstärken auf und haben verschiedene, aber dennoch meist genormte Sockel; Steckdosen sind normiert, auch wenn sich manche Länder in der Normierung unterscheiden; Möbel sind meist nach bestimmten Standardmaßen gebaut und erleichtern die Planung und Einrichtung. Das hat durchaus vernünftige Gründe, die mehrfach bestimmt sind: Die Herstellung von Produkten ist mitunter deutlich wirtschaftlicher, wenn man sie mit am Markt verfügbaren Maschinen und leicht beschaffbaren Ersatzteilen im Reparaturfall herstellen kann. Ihre Vermarktung ist weniger aufwändig, wenn man sie mit wohldefinierten Produkteigenschaften versehen kann, welche den AbnehmerInnen die Entscheidung vereinfachen.

Die Verbindung von Einzelteilen zu komplexen Produkten ist mit deutlich weniger Aufwand verbunden, wenn diese Teile genormte Anschlussstellen aufweisen, die im Zweifelsfall einen hochkomplexen Modulaufbau aus unzähligen Einzelteilen ermöglichen (Autos, Hochhäuser, Mobiltelefone, Teilchenbeschleuniger). Anforderungen an bestimmte Produkte kann man besser vergleichen und überprüfen, wenn es dafür Richtlinien gibt, weshalb die mit Produkten verbundene Erwartung ihrer Eigenschaften leichter einlösbar ist. In der Massenproduktion kann man Kosten sparen, wenn man sich dafür bestimmter Normen bedient (wie Verpackungsgrößen für den Transport oder die Standardisierung von Schrauben, die damit universell einsetzbar sind).

Normierte Artefakte sind also keineswegs der Einzelfall, sondern sind ziemlich verbreitet. Viele Sicherheitsstandards beruhen auf Normierungen technischer Produkte: In Spitälern lassen sich nur genau aufeinander abgestimmte Anschlüsse verbinden, um Verwechslungen zu vermeiden; Sägen müssen Schutzvorrichtungen aufweisen, die Unfälle verhindern sollen; Spielzeug soll keine scharfen Kanten haben, damit spielende Kinder sich daran nicht verletzen; Stromsicherungen im Haus sollen vor den Folgen unbeabsichtigter Stromschläge schützen oder Brände durch Leitungsüberlastungen vermeiden helfen; und Hausdächer sollten normierten Anforderungen genügen, sodass sie nicht bei Belastung durch ausgiebigen Schneefall einstürzen oder bei Sturm abgedeckt werden. Dazu kommen Aspekte der Gesundheit, indem in Essgeschirr keine giftigen Stoffe verwendet werden dürfen, die Umwelt nicht durch schädliche Gase verpestet werden soll oder Medikamente nicht nur Qualitätsstandards erfüllen, sondern auch Informationen für deren Anwendung verfügbar gemacht werden. In anderen Bereichen steht die Präzision im Vordergrund, weil in der Kombination von Artefakten schnell Probleme mit der Passung des Gesamtartefakts auftreten können, wenn etwa Schrauben nicht mit der Schraubenmutter zusammenpassen oder Steckverbindungen nicht exakt gefertigt sind. Ähnliches trifft natürlich auch für die Modifikation lebender Artefakte zu, weshalb Tattoos nicht beliebige Farbstoffe enthalten dürfen, Aufbaupräparate für Bodybuilder den Körper nicht zu sehr schädigen oder Haarfärbemittel die Haare und Gesundheit der Betroffenen nicht zu sehr belasten sollten.

Auf der anderen Seite stehen jene Normierungen, die Artefakte selbst vermitteln. Das einfachste Beispiel sind Verkehrszeichen, die den Verkehr regeln und relativ friktionsfrei gestalten, indem sie institutionalisierte normative Erwartungen an die von ihrer Geltung betroffenen VerkehrsteilnehmerInnen stellen. Solche Artefakte schaffen auch Rechtssicherheit, sollte es dennoch zu Konflikten oder Unfällen kommen, weil sie vorweg bestimmte Richtlinien für die Rechtsprechung vorgeben.

Nicht nur Gesetzestexte und Hinweisschilder regeln unser Leben durch den Einsatz von Artefakten, sondern es sind die Eigenheiten der Gegenstände selbst, die normative Wirkung entfalten, indem sie etwa unsachgemäßen Gebrauch sanktionieren oder normativ wirkende Standards im Alltag setzen (siehe auch Roßler 2016, S. 124ff.). Eine stabile Wand fungiert als klare Grenze und Wege geben vor, wo man sich bewegen soll. Zwar könnte man Wände mit entsprechenden Hilfsmitteln niederreißen, aber ohne diese würde man sie nicht durchdringen können; und Wege kann man verlassen, aber das Gelände macht das Fortkommen möglicherweise mühsamer. Und zudem signalisieren sie Erwartungen – nämlich die Mauer zu respektieren. Damit werden Wände und Zäune zu Exklusionsinstrumenten, die mitteilen, wo Grenzen bestehen, seien das Sicherheitsgrenzen oder Eigentumsgrenzen, die das Überschreiten verbieten. Viele Alltagsprodukte enthalten gleichsam Anweisungen, wie sie korrekt zu verwenden sind – und falscher Gebrauch führt zu Nichtfunktionieren oder zeitigt nicht die gewünschten Folgen. Computertastaturen sind solche normierten Verhaltensvorgaben, indem sie die Buchstaben auf bestimmte Weise anordnen. Zwar könnte man diese Ordnung durch ein Programm, das die Zeichenzuordnung der Tasten definiert, ändern, aber das würde wiederum Probleme bei der Verwendung durch andere Personen schaffen oder eine Umgewöhnung auf andere Tastaturen erschweren.

2.8 Artefakte als verdinglichte Sozialverhältnisse

Sozialverhältnisse sind nicht bloß in den spezifischen Beziehungsformen verankert, sie materialisieren sich auch in den Artefakten, die diese dann zum Ausdruck bringen und anderen zeigen, womit man es zu tun hat. Sehr deutlich wird das in Prunkvillen, die sich doch deutlich von einfachen Wohnhäusern oder Sozialwohnungen abgrenzen. Uniformen oder auch Abzeichen veranschaulichen Funktionen und Berechtigungen im Verhältnis zu anderen – und viele Gerichtssäle sind bereits auf die Inszenierung des Rechtsstaates und der dramaturgischen Positionierung der verschiedenen Rollen vorbereitet.

Diese Gestaltung vollzieht sich nicht völlig friktionsfrei, geht es doch um die Festigung und Aushandlung von sozialen Positionen. Damit ergibt sich ein unmittelbarer Bezug zu Macht und Herrschaft, die symbolisch durch Artefakte verhandelt und dargestellt werden. Das wird klar, wenn man an Häuser und Wohnungen denkt, deren Lage, Größe und Ausstattung etwas über die wirtschaftliche Leistungsfähigkeit und der Ausstattungsstil etwas über das Selbstverständnis der BesitzerInnen und BewohnerInnen aussagt. In diesem Sinne manifestieren sich soziale Verhältnisse in vielen Artefakten des Alltags. Sie signalisieren für andere die Verortung derjenigen in der Gesellschaft, die sie besitzen oder verwenden und sie erzeugen dadurch Effekte für das soziale Zusammenleben, indem sie das Verhalten entsprechend strukturieren.

Deutlich wird das in den Ausführungen von Norbert Elias zur höfischen Gesellschaft (Elias 1983), in der er die soziale Ordnung und die entsprechenden symbolischen Darstellungen dieser Ordnung beschreibt. Und er weist darauf hin, dass man in einer bestimmten Stellung gleichsam verpflichtet ist, dieser entsprechend zu residieren. Die Ordnung der Artefakte repräsentiert diese sozialen Verhältnisse und hilft, diese zu reproduzieren und für alle sichtbar zu machen und ist eng an Identitätsbildungsprozesse gekoppelt. Die Konfrontation der Menschen mit der Ordnung der Artefakte wird damit zum Instrument für den Erhalt der sozialen Ordnung, die diese Gegenstände repräsentieren.

Zu dieser Bedeutung von Artefakten für Herrschaft zählt auch die durch Artefakte ausgeübte soziale Kontrolle, wie sie im Benthamschen Panoptikon zum Vorschein kommt. Foucault (1977, S. 251ff.), der sich damit näher befasst hat, beschreibt die asymmetrische Organisierung des Blicks, der über eine spezifische Architektur Überwachung erleichtert, indem die Macht sichtbar, aber uneinsehbar ist, sodass die Überwachungswirkung dauerhaft ist, selbst wenn die konkrete Durchführung sporadisch bleibt. War es damals die Architektur, sind es heute nicht mehr nur die Gebäude und Räume, die Kontrolle spürbar machen, sondern Personalinformationssysteme, Videoüberwachung oder elektronische Fußfesseln übernehmen ganz offiziell die Überwachung der Aktivitäten, die Personen an konkreten Plätzen verrichten, während Mobiltelefone, Computer, Bankomatkarten und Kundenkarten eine kaum erkennbare Kontrolle ermöglichen: Laufend geben wir über unsere technischen Artefakte Informationen über unseren Aufenthalt, unsere Kontakte, unser Konsumverhalten, unsere Versicherungen und vieles mehr preis. Das ermöglicht es den mit den Artefakten verbundenen Organisationen, uns bei drohendem finanziellen Engpass die Finanzmittel zu sperren, dass wir bestimmte Versicherungsleistungen in Anspruch nehmen dürfen, mit maßgeschneiderter Werbung versorgt werden oder Rabatte lukrieren können. Auf diese Weise schaffen Artefakte eine umfassende Disziplinarordnung, die nicht nur weit gestreut, kostengünstig und wirkungsvoll ist, sondern die Fügsamkeit und die Nützlichkeit der Menschen fördert.

Aber es ist nicht nur die höfische Ordnung oder die spezifische Form von Herrschaft, sondern es ist der Alltag in seiner Gesamtheit, der auf diese Weise reguliert wird. Eine wesentliche Rolle spielt dabei die Warenform vieler Artefakte. Artefakte werden im Produktionsprozess vielfach von LohnarbeiterInnen hergestellt, von den Firmeneigentümern verkauft, im Handel vertrieben, wobei die Preise zwischen der ökonomischen Potenz der KäuferInnen differenzieren. Nicht alle können sich alles leisten, sondern die Finanzkraft bestimmt die Artefakte, die man erwerben kann, womit sich die Wirtschaftsordnung auch in der Artefaktordnung spiegelt. Artefakte sind also nicht neutral, sondern bewirken etwas: Sie zeigen die Sozialordnung im Besitz und Gebrauch und sind somit Statusindikatoren, während im Hintergrund die Produktionsverhältnisse erkennbar werden, die es den ProduzentInnen vielfach nicht erlauben, jene Produkte zu erwerben, die sie selbst hergestellt haben.

Während die Statusfunktion häufig unmittelbar erkennbar ist, verschwinden der Warencharakter und damit die mit dem Herstellungsprozess verbundenen gesellschaftlichen Verhältnisse aus dem Bewusstsein vieler Menschen. So kann man die Cheopspyramide als monumentales Zeugnis früher Architektur bewundern, während der Blutzoll der am Bau beteiligten ArbeiterInnen verschwindet; wir können billig vorgebleichte Jeans kaufen, ohne zugleich an die Vergiftungen der ArbeitnehmerInnen durch die dafür benutzten Chemikalien bei diesem ‚Veredelungsprozess' zu denken. Nur in manchen Fällen rückt die Herstellung in den Vordergrund: Wer Biowaren kauft, berücksichtigt den Herstellungsprozess, wer Fairtrade-Produkte kauft, denkt auch an die ProduzentInnen, wer energiesparende Technologien verwendet, denkt an die Natur. Damit verändert sich die symbolische Repräsentation dieser Faktoren in den Artefakten, indem Waren nunmehr mit unterschiedlichen Gütesiegeln und Erkennungszeichen versehen werden, oder indem man in Hochglanzbroschüren das soziale Engagement vermarktet. So gesehen reproduzieren und stabilisieren Artefakte nicht nur eine bestehende Ordnung, sie helfen auch, diese einem permanenten Wandel zu unterziehen.

2.9 Artefakte als Medien der Verwandlung

Die Verbindung der Menschen mit den Artefakten geht so weit, dass sich die individuellen und sozialen Orientierungen im Verbund mit Artefakten neu orientieren können. Latour (2015, S. 218) beschreibt das an einer Stelle mit dem Beispiel einer Waffe, die den Menschen verändert, der sie trägt und umgekehrt sich die Waffe verändert, indem sie ein bestimmter Mensch trägt. Artefakte verändern die Handlungsmöglichkeiten und öffnen Potentiale, die es ohne diese Artefakte nicht gegeben hätte, womit auch bestimmte Denkalternativen aus dem Blick geraten. Aber umgekehrt ist auch die Bedeutung einer Waffe abhängig davon, wer sie verwendet: Während eines Überfalls hat die Waffe des Räubers eine andere Bedeutung, als wenn dieselbe Waffe von einer Polizeibeamtin getragen wird oder in einem Museum in einer Vitrine als Ausstellungsstück zur Geschichte der Waffentechnik liegt. Und sie hat eine andere Bedeutung für die mit der Waffe konfrontierten Beteiligten, sodass sie für die einen zur Drohgeste gehört, für die Gegenseite zum Bedrohungsszenario, für einen Verkäufer ist sie ein Handelsobjekt, das zwischen KäuferInnen und VerkäuferInnen differenziert und dessen Wert verhandelt wird und für MuseumsbesucherInnen ist sie ein interessanter oder uninteressanter Beobachtungsgegenstand mit Hinweisen auf die Geschichte oder bestimmte technische Eigenheiten. Dabei beeinflussen sowohl die Bedeutung als auch der Kontext die Beziehungen während der Herstellung, im Verkauf, in der Kombination mit anderen Gegenständen, im Gebrauch oder im Zuge der Entsorgung.

Folglich sind Artefakte niemals eindeutig bestimmt, sondern erfüllen kommunikative Funktionen, deren Bedeutung sich erst im situativen Kontext entfaltet und die sich mit der Entwicklung der Situation oder im Verlauf der Zeit wandeln. Artefakte sind also nicht bloß Gegenstände, sondern sind als Möglichkeiten im sozialen Kontext immer mehrdeutig und kontextabhängig. Ein altes Grammophon ist heutzutage kaum mehr das präferierte Gerät zum Musikhören – es ist vielleicht eine nostalgische Erinnerung an frühere Zeiten und vermittelt einen entsprechenden Hörgenuss, der allerdings nur wenig mit hochgezüchteten Hi-Fi Anlagen gemein hat. Während die ersten käuflich erwerbbaren Grammophone den HörerInnen ein erstaunliches Erlebnis vermittelten, ist ein solches Gerät heute ein wertvolles Sammlerstück, sofern es nicht auf einem Dachboden, von den EigentümerInnen ignoriert und in seinem (neuen) Wert verkannt langsam verrottet. Das Smartphone wiederum macht die Menschen unabhängig von nur lokal verfügbaren Bürogeräten und lässt es zu, permanent in potentiellem Kontakt zu bleiben, sodass ein Verlust zu größeren Alltagsproblemen führen kann: Die Telefonnummern sind, da im Gerät gespeichert, verloren; die Kontaktmöglichkeiten fallen plötzlich weg; man kann nicht mehr einfach mit einem Foto etwas dokumentieren; man ist von Nachrichten ausgeschlossen; und auch der elektronische Wegweiser führt nicht mehr zum Ziel. Viele Betroffene erleben in solchen Situationen eine gewisse Verletzlichkeit und Hilflosigkeit, die noch vor wenigen Jahrzehnten in dieser Form unvorstellbar war.

Das gilt aber nicht bloß für einzelne Personen: Artefakte verwandeln die Gesellschaft insgesamt, indem deren Verwendung im Zuge der Teilhabe an der Gesellschaft schlicht vorausgesetzt wird. Ohne Ausweis hat man vielerorts keinen Zugang, ohne Geld kann man nichts kaufen, wer in Österreich eine Leistung für eine öffentliche Behörde erbringt, muss die Rechnung auf elektronischem Weg einreichen (und braucht dafür einen Computer und die Berechtigungen zur Nutzung der Netzwerkinfrastruktur). Haushaltsarbeiten erledigen inzwischen die vielen Haushaltsgeräte; in manchen modernen Fabriken findet man kaum mehr Menschen; der Beruf der Drucker wurde wegrationalisiert und nur wenige Spezialisten beherrschen noch dieses Handwerk. Es ist ein Wandel der uns umgebenden Artefakte der gleichzeitig die sozialen Beziehungen und die soziale Welt verändert.

Methodologische Grundlagen der Artefaktanalyse 3

Im Kern befasst sich interpretative Sozialforschung mit der Beziehungsstruktur, der Logik und Dynamik des sozialen Zusammenlebens. Insofern ergibt sich daraus ein spezifisches Verhältnis der interpretativen Forschung zur Artefaktanalyse: Es sind nicht die Artefakte selbst, die von Interesse sind, sondern die Tatsache, dass sie Verweise auf das soziale Leben sind. Nicht das Sein von Artefakten ist daher für eine interpretative Sozialforschung entscheidend, sondern ihr Gewordensein und was sie in ihrem Umfeld bewegen (an Zuschreibungen, Interpretationen, Handlungen etc.). Artefakte sind schon definitionsgemäß nicht etwas immer schon statisch Bestehendes, sondern etwas, das jemand erschaffen hat und das nun in der Welt weiter wirkt, wodurch die soziale Dynamik im Kontext von Artefakten eine besondere Rolle spielt. Mit jedem neuen Artefakt erweitert der Mensch seine materielle Welt, eröffnet neue Möglichkeiten oder verschließt vielleicht andere, bringt dabei seine Vorstellungskraft, sein Handlungsvermögen und Wissen ein, erschließt weitere materielle Ressourcen, macht es anderen verfügbar, nutzt, erweitert oder reduziert die Komplexität sozialer Prozesse und Strukturen und verändert in diesem Prozess die eigene Welt und in vielen Fällen auch die Artefakte. Aus dieser Perspektive bietet die Analyse von Artefakten einen Schlüssel, um die soziale Welt besser zu verstehen. Aber umgekehrt ist es wichtig, die soziale Welt in das Zentrum der Aufmerksamkeit zu rücken, um die Artefakte in dieser verstehen zu können. Dieses Wechselverhältnis wird getragen von den primären Erkenntnisinteressen, welche die interpretative Sozialforschung leiten und für den vorliegenden Zusammenhang auf die Artefaktanalyse umgelegt werden:

- Konstitutionsregeln der Artefakte: Zum einen geht es um die (Re-)Konstruktion jener Regeln nach denen die Artefakte in einem Sinnzusammenhang auftauchen. Dabei ist zu berücksichtigen, dass Artefakte auch ohne Intentionen erzeugt werden (z.b. Gebrauchsspuren) und die intendiert erzeugten nicht immer gelingen oder die ursprünglichen Intentionen umsetzen. Daher stehen auch misslungene Artefakte herum, werden teilweise als Müll entsorgt oder erfüllen unerwartete Funktionen. Im Zuge dessen wird untersucht, was das Artefakt überhaupt konstituiert und welche Kriterien für die Bedeutungszuschreibung sowie die Einordnung eines Artefakts in einen Sinnzusammenhang zur Anwendung kommen.
- Mit Artefakten verknüpfte Bedeutungs- und Sinnzusammenhänge: Für Schütz (1982, S. 127f.) ist der erste Sinnzusammenhang von Erfahrung die Verknüpfung vergangener und künftiger Erlebnisse. In retrospektiver Betrachtung bezieht sich der Sinnzusammenhang auf jene menschlichen Tätigkeiten, die sie produzierten und dadurch auf den ursprünglichen Produktionszusammenhang verweisen (z.b. Spuren, die auf menschliche Aktivitäten deuten; Rückführung auf die für die Entstehung nötigen Voraussetzungen). In prospektiver Sicht bezieht er sich auf jene Vorstellungen, die ihre Herstellung imaginativ provozierten und die in sie eingegangen sind (z.b. Planung, Ziele; Heraushebung der vorausschauenden Imagination). Auf diese Weise ist ihre Entstehungsgeschichte ein erster Sinnkontext, der sowohl rückwärts (als Weil-Zusammenhang) als auch vorwärts (als Um-Zu-Zusammenhang) gelesen werden kann. Die weitere Artefaktexistenz ergibt darüber hinaus einen zweiten Sinnkontext, der auf die jeweiligen Sinnbezirke und Relevanzsysteme verweist und nur im spezifischen Arrangement des physischen, sozialen und individuellen Settings zu rekonstruieren ist (z.b. ein Gefäß zum Trinken, als Ausstellungsstück oder ein Instrument zum Erzeugen von Tönen).
- Handlungsregeln im Artefaktkontext: Vor diesem Hintergrund der sinnhaften Konstitution von Artefakten ist von Interesse, in welche Handlungszusammenhänge sie integriert sind. Das sind nicht nur Regeln der Artefaktherstellung, sondern auch Regeln im Umgang mit Artefakten. Dahinter verbergen sich häufig bestimmte Anforderungen, Interessen oder Schwierigkeiten, die durch Artefakte bewältigt werden (sollen), oder die Folgen von Handlungsweisen, die die Herstellung oder Nutzung von Artefakten hinterlassen – auch ohne es zu wollen (z.b. Müll). Der Umgang mit Artefakten organisiert auf diese Weise spezifische Handlungskontexte, die es zu erschließen gilt.
- Strukturierung sozialer Entwicklungen im Artefaktkontext: Interpretative Sozialforschung ist jedoch nicht bloß an der Gegenwart von Artefakten interessiert, sondern an ihrer Einbettung in soziale Entwicklungen und in kollektive

Prozesse. Sowohl der Prozess der Artefaktentwicklung von der Herstellung bis zur Zerstörung als auch die individuellen und sozialen Prozesse im Kontakt mit diesem sind daher von spezifischem Interesse. Dabei stellt sich die Frage, wie sich diese Dynamik und die damit verbundenen Ordnungsformen im Artefakt manifestieren und inwiefern sie soziale Beziehungen objektivieren.

Aus diesen Erkenntnisinteressen interpretativer Sozialforschung resultiert eine entscheidende Schwierigkeit: All diese Aspekte sind im Artefakt nur in ihrer Ausdrucksform enthalten; weder sind die mit ihnen verknüpften Regeln und Strukturen, noch ist die mit Artefakten verbundene Dynamik direkt beobachtbar. Und auch die Bedeutungen sind nicht am Artefakt sichtbar. Es bedarf also durchaus gewagter Interpretationen, um diese zu erschließen. Deshalb ist es umso wichtiger, diese Spekulationen rigorosen Bewährungsproben zu unterziehen, um verlässliche Erkenntnisse zu erlangen.

Artefakte spielen im sozialen Kontext schon deshalb eine herausgehobene Rolle, weil sie durch Menschen erzeugt werden und folglich unlösbar mit der sozialen Welt verbunden sind: Ohne Berücksichtigung der damit verbundenen Vorstellungen und Handlungen blieben uns Artefakte fremd (Schütz 1981, S. 186). Sie wären nichts anderes als einfach existente Gegenstände in der Welt da draußen, ohne Verbindung zum sozialen Leben und daher für sozialwissenschaftliche Forschung nur mäßig interessant. Aber aufgrund ihrer Bedeutung für die soziale Welt und da sich in ihnen die Erzeugung eines beachtlichen Teils der gegenständlichen Welt durch Menschen manifestiert, sind sie für interpretative Sozialforschung ein besonders wichtiges Material. Bevor allerdings die Einzelheiten der Interpretation vorgestellt werden, ist es sinnvoll, erst einmal einen Blick auf die methodologischen Grundsätze zu werfen, die eine interpretative Artefaktanalyse anleiten.

3.1 Die Welt der Artefakte in der interpretativen Sozialforschung

Wie bei jedem wissenschaftlichen Verfahren ist auch im Rahmen der Artefaktanalyse zuerst zu klären, welche methodologischen Vorannahmen hinter der Vorgangsweise stehen und was den Erkenntnisgewinn strukturiert. Insofern muss man sich der Frage stellen, welchen Bedingungen die Erkenntnisproduktion im Zuge eines solchen Analyseverfahrens unterliegt, also mit welchen Vorstellungen der Welt man sich Artefakten annähert. Im Rahmen einer interpretativen Sozialforschung ist das erst einmal die Basisannahme, dass es sich bei jeglicher Interpretation um Erkenntnisse handelt, die erkennende Subjekte auf Grundlage ihrer Beobachtungen formulieren. Hinter diesem Beobachtungs- und Interpretationsprinzip verbergen sich aber einige wesentliche Annahmen, die hier zumindest kurz in Hinblick auf die Analyse von Artefakten angesprochen werden sollten (siehe dazu Froschauer und Lueger 2009, S. 22ff.):

a)   Realität ist dem Bewusstsein prinzipiell unzugänglich
Artefakte als durch Menschen geformte Gegenstände werden nicht als objektiv und unmittelbar der Erkenntnis zugängliche Dinge behandelt, sondern als Erfahrungen, die aus der Konfrontation mit diesen Artefakten resultieren. Dabei werden sie mit bedeutungsvollen Begriffen verknüpft, die klären, worum es sich bei diesen Artefakten handelt, die sich jedoch je nach Kontext oder im Zuge der Auseinandersetzung mit ihnen ändern können. Das erfordert, jedem Artefakt mit einer kritischen Analysehaltung zu begegnen, sodass man nicht, wie das Alltagsdenken nahelegt, die Erscheinung eines Gegenstandes in der Wahrnehmung mit dessen Wesen verwechselt. So erscheint uns die Skulptur auf dem Podest zwar als festes Material – aber jeder Physiker würde sofort dagegenhalten, dass diese Festigkeit und Härte nicht am mit Material gefüllten Raum liegt, sondern an den Kräften, welche die einzelnen Atome zusammenhalten. Wir sehen zwar diese Kräfte nicht, wir bemerken nicht einmal, dass die einzelnen Bestandteile eines Atoms so winzig sind, dass wir eher mit riesigen Zwischenräumen als mit Materie konfrontiert sind. Dabei ist noch gar nicht angesprochen, was die Skulptur für welche Personen(gruppen) bedeuten könnte. Was also das leichtfertig als ‚Skulptur' bezeichnete Artefakt ausmacht, ist daher abhängig von der Art der Betrachtung – der Gegenstand selbst gibt dafür nur Hinweise durch seine Gestaltung (etwa in Hinblick auf kulturelle Besonderheiten), seine Eigenschaften (wie Geruch, Tastempfindung, Form) oder seiner Geschichte (etwa im Sinne von Gestaltungswandel oder Modifikationen), denen wir nachgehen können. Für PhysikerInnen oder ChemikerInnen sind das ganz andere Charakteristika, die einen Gegenstand ausmachen, als wenn man sich diesem aus einer Alltagsperspektive, von Seiten der Kunstgeschichte, oder aus der Perspektive von Kunsthändlern oder gläubigen Menschen zuwendet, die in diesem Gegenstand etwas Verehrungs- oder Verabscheuungswürdiges erkennen. Das Wesen bleibt uns dabei verborgen, sodass es gut möglich ist, dass künftige Generationen von Natur- oder KunstwissenschaftlerInnen eine andere Sicht entwickeln.

Die Realität eines Artefakts bezieht sich aus dieser Perspektive auf ein Erkenntnisobjekt, das nach seiner Herstellung ohne weiteres Zutun erst einmal existiert. Also solches können wir es übersehen und gar nicht wahrnehmen, wir können es mit unseren Möglichkeiten (sinnliche oder technische) modifizieren oder uns inspirieren lassen – oder es einfach ignorieren (was nicht immer möglich ist). Als äußere Realität bleibt es uns jedoch fremd. Aber indem wir das Artefakt wahrnehmen, es ignorieren oder etwas damit tun, verwandeln wir diese äußere Realität in eine innere Wirklichkeit und machen es zum Bestandteil unserer Lebenswelt. So ist die Skulptur als Gegenstand einerseits Realität (insofern sie nicht nur in unserer Vorstellung oder als Wahnbild existiert), andererseits Wirklichkeit, die nach unserer Vorstellung auf diese äußere Welt Bezug nimmt und mit Begriffen versieht, die durchaus unterschiedlich ausfallen können, je nachdem, wie man die Erfahrungen mit diesem Gegenstand handhabt.

Das bedeutet auch, dass die Erkenntnistätigkeit an die körperliche Situiertheit des Menschen gebunden ist: Wir erkennen (sofern wir nicht blind sind) viele Farbschattierungen, wir können die Formen und Oberflächen erspüren, können mögliche Gerüche des Materials unterscheiden, schmecken vielleicht den Salzgehalt heraus, hören die Geräusche bei Beklopfen des Gegenstandes mit einem kleinen Metallhammer, messen die natürliche Radioaktivität bei einer Granitfigur oder können die chemische Zusammensetzung mittels Flüssigchromatographie als Verlängerung des Körpers erfassen. Wir sind daher auf unseren Körper – und als Erweiterung auf unsere technischen Hilfsmittel angewiesen. Was diese nicht erfassen und was das Gehirn vernachlässigt, können wir in unsere Wirklichkeitskonstruktion nicht einbeziehen – außer es handelt sich um fiktive Annahmen, mit denen wir einen Gegenstand konfrontieren. Aber auch wenn wir diesen Gegenstand nach allen nur erdenklichen Richtungen erkunden – wir werden kein subjektunabhängiges Bild des Gegenstandes erhalten, aber eine überaus differenzierte Vorstellung darüber. Und indem wir das tun, unterstellen wir der Realität bestimmte Eigenschaften, die immer Konstruktionen bleiben. Und genau diese Komposition der Konstrukte bezüglich der alltagsweltlichen Bezugnahme auf Artefakte ist es, was sie für soziologische Analysen so bedeutsam macht.

Im ersten Zugang zu Artefakten ist also festzuhalten, dass diese Artefakte Gebilde sind, die der Erkundung bedürfen, wobei man sich nicht auf den ersten Eindruck verlassen sollte. Darüber hinaus ist es nicht bloß die Wirklichkeit der gegenständlichen Eigenschaften, die aus sozialwissenschaftlicher Perspektive interessant ist, sondern die Wirklichkeit, die ein Artefakt in verschiedenen sozialen Zusammenhängen mitgestaltet. Bei der Skulptur sind das etwa Kontexte wie der Kunstmarkt (der mit solchen Artefakten Handel treibt), Geschichtswissenschaft (die den Herkunftskontext analysiert) oder Sozialwissenschaft (welche den gesellschaftlichen Kontext anspricht), Museen (die sie ausstellen oder in Depots verräumen), Medien (die Abbilder verbreiten und mit Kommentaren versehen) oder einfach der Souvenirmarkt (der Nachbildungen berühmter Kunstwerke im industriellen Massenstil auf den Touristenmarkt wirft). Die Wissenschaft versucht dabei, eine möglichst differenzierte und einer Überprüfung standhaltende Vorstellung im

Rahmen der untersuchten Fragestellung zu entwickeln und somit ein zuverlässiges, transsubjektives Bild über die soziale Welt zu erhalten.

b) *Wirklichkeitskonstruktion ist ein aktiver Prozess*

Nun könnte man annehmen, dass solche Wirklichkeitskonstruktionen je nach erkennendem Subjekt zufällig und beliebig sind. Aber offenbar folgt der Erkenntnisprozess bestimmten Mustern und ist in seinem Aufbau alles andere als beliebig. In diesem Zusammenhang befassen sich Stenger und Geißlinger (Geißlinger 1992; Stenger und Geißlinger 1991) mit der Frage, unter welchen Bedingungen Menschen etwas als wirklich akzeptieren: An erster Stelle findet sich hier die sinnliche Evidenz, wonach wir bevorzugt jene Eigenschaften von Wahrnehmungsobjekten für gegeben halten, wenn wir diese mit unseren Sinnen wahrnehmen können (sehen, fühlen, hören, riechen oder schmecken), sofern wir nicht aus Erfahrung wissen, dass es sich um eine Sinnestäuschung handeln könnte. Allerdings deutet bereits letzteres auf die Fragilität der Sinneswahrnehmung, weshalb die weiteren Kriterien eine wichtige Rolle spielen: Von kognitiver Evidenz kann man sprechen, wenn wir Wahrnehmungen akzeptieren, weil sie in unsere kognitiven Konstruktionen passen (Koinzidenz, wenn man zwei aufeinander folgende Erfahrungen mit einem Artefakt – etwa einem Computer – in einen Zusammenhang bringt; oder Kongruenz, wenn man bei als ähnlich identifizierten Artefakten die bekannten Eigenschaften eines Artefakts auf ein unbekanntes anderes überträgt). Drittens spielt emotionale Evidenz eine Rolle, die einen intuitiv von der Richtigkeit seiner Wahrnehmung überzeugt. Dabei ist die Gefühlswelt relevant, indem man positive oder negative Gefühle mit einem Gegenstand verbindet und damit die entsprechenden Zuschreibungen klar positioniert. Letztlich ist auch soziale Evidenz nicht zu vernachlässigen. In diesem Sinne festigen andere Personen die eigene Vorstellung über den Gegenstand, indem sie auf ähnliche Wahrnehmungen hinweisen – insbesondere, wenn diese Personen als besonders vertrauensvoll oder als ExpertInnen gelten.

Allerdings sind diese mit Artefakten verbundenen Vorstellungen keineswegs stabil, sondern verändern sich (und dabei vielleicht auch die Personen) im Laufe der Beschreibung oder im Erinnerungsprozess, wie Kriz (2004) anhand von Personenerinnerungen erläutert. Auf Artefakte übertragen würde das bedeuten, dass sich die Vorstellungen über nicht ganz genau bekannte Artefakte möglicherweise ändern, wenn man eine Person intensiv darüber befragt, oder indem man sich im Verlauf der Erinnerung (und Rekonstruktion der Vorstellung) ein klareres Bild über das Artefakt verschafft. All das gibt möglicherweise mehr Aufschluss über die Verarbeitung der Artefaktwahrnehmung als über die Artefakte selbst – ein Problem, das man bei jeder Interpretation von Artefakten berücksichtigen muss.

3.1 Die Welt der Artefakte in der interpretativen Sozialforschung

Mit diesem Prozess der Wirklichkeitskonstruktion beschäftigte sich auch Piaget (1976) in seinem Äquilibrationsansatz, wonach Sinnesreize nicht einfach auf einen Menschen einströmen und wahrgenommen werden. Er sieht Erkenntnis als aktiven Prozess, in dem man etwas über Artefakte erfährt, wenn man sich im Verhältnis zu diesen positioniert und eine Beziehung zwischen den Artefakten und dem eigenen Handeln herstellt. Wenn man etwa kräftig auf einen Gegenstand tritt, der wie ein Fußball ausschaut, so schafft man einen eigenen Sachverhalt (Realitätsproduktion; gebrochener Fuß). Wenn sich der Gegenstand nicht von der Stelle rührt, sondern der Fuß gebrochen ist, so kann man das mit dem eigenen Verhalten verbinden und die eigene Handlungsweise neu einschätzen (Wirklichkeitsproduktion durch rekonstruktive Internalisierung; der Gegenstand ist kein Fußball) und in Zukunft das eigene Verhalten besser regulieren (etwa genauer darauf achten, ob es sich tatsächlich um einen Fußball oder nicht doch um eine als Fußball gestaltete und fest verankerte Steinkugel handelt). Als Fazit lässt sich diese Erkenntnis auf in ihrem Erscheinungsbild gleichartige Gegenstände erweitern (Produktion von Wirklichkeit durch konstruktive Externalisierung; nicht alles, was wie ein Fußball aussieht, ist auch einer) – also auf Gegenstände, die nur vorgeben, ein Fußball zu sein, wobei das auf die Einschätzung auf fußballähnliche Gegenstände als generalisiertes Wissen zurückwirkt. Damit führt diese Erfahrung zurück in ein verändertes Verhalten im Umgang mit solchen Gegenständen in vergleichbaren Situationen (Reproduktion von Realität; vorsichtiger Umgang mit Gegenständen, von denen man die Eigenschaften nicht verlässlich kennt).

So gesehen sind Wirklichkeitskonstruktionen aktive und keineswegs beliebige Prozesse der Erzeugung und Aneignung der physischen und sozialen Welt, die von der Positionierung gegenüber der gegenständlichen Welt (etwa in Gebäuden) und der spezifischen Annäherung (z.B. berühren oder messen) abhängen. Das gilt selbstverständlich auch für die Artefaktanalyse, nämlich als Frage der Entwicklung wissenschaftlicher Erkenntnis im interpretierenden Umgang mit den Artefakten. Im Zentrum stehen dabei die Entwicklung von Bedeutungen und die Kombination mit Kontexten und Handlungen in der konkreten Art der Konfrontation mit dem jeweiligen Artefakt.

c)   Sinngenerierung als sozialer Prozess der Artefaktbeobachtung
Nehmen wir an, jemand wird aufgefordert, die Zeitung auf dem Tisch aus dem anderen Zimmer zu holen. Woher weiß die Person, was der gemeinte Tisch ist und woran erkennt sie die Zeitung. Tische können höchst unterschiedlich sein: rechteckig, vieleckig, kreisrund oder in fantasiereichen Formen; sie können einen Block als Standfläche haben, ein einzelnes Tischbein, drei, vier oder mehr Tischbeine; sie können verschieden hoch sein; farblich sind alle Schattierungen oder auch bun-

te Tische mit Bildern oder grafischen Elementen möglich; sie können aus unterschiedlichen Materialien gebaut sein, spezifische Gerüche verströmen und höchst verschiedene Funktionen erfüllen. Also gibt es eine unendliche Vielfalt an möglichen Tischen. Da sich diese Aufgabe im Alltag allerdings als ziemlich einfach erweist, stellt sich die Frage, warum das so ist. Dabei ist anzumerken, dass nicht die Realität den Tisch konstituiert, sondern es ist die Idee eines Tisches, welche mit einem Artefakt verknüpft wird (der Zusammenhang von Gegenständen und ihren Begriffen kommt in vielen Werken von René Magritte zum Ausdruck; siehe Schneede 1992, S. 34ff.). Damit wird der Tisch von seinen spezifischen Eigenschaften losgelöst und an eine verallgemeinerte Vorstellung von einem Tisch gebunden. Diese Vorstellung wiederum entsteht auch nicht nur im Kopf einer Person, die sich einbildet, einen Gegenstand als Tisch zu bezeichnen, sondern wird im sozialen Austausch mit anderen angeeignet (Sozialisation) und dabei auch modifiziert (vgl. Blumer 1969). Der Tisch hat damit nichts ‚tischhaftes' an sich, sondern beruht auf einer sozialen Übereinkunft, worauf die Idee eines Tisches gründet, sodass wir vielfältige, aber in ihrer Grundstruktur gleichartige Gegenstände im Alltag in ihrer Ähnlichkeit identifizieren und begrifflich zuordnen können. Die Wirklichkeit der Dinge ist daher eine auf den individuellen und sozialen Erfahrungen mit der äußeren Welt aufbauende gesellschaftliche Konstruktion – und nur als solche lässt sich auch Gesellschaft anhand ihrer Artefakte analysieren.

Dabei sollte man zwischen mehreren begrifflichen Ebenen unterscheiden: Zum einen ist es die unmittelbare Bedeutung, die mit einem Artefakt verbunden ist. Die Aussage: Milch mir Zucker! (Wittgenstein 1984, S. 432) ist zwar sprachlich nicht gut nachvollziehbar, wenngleich die Bedeutung der angesprochenen Gegenstände (Milch, Zucker) ziemlich klar ist (obgleich auch hier gilt, dass die Art der Milch – von der Kuh, einer Stute, einer Ziege oder gar Soja- oder Reismilch – nicht eindeutig bestimmt ist; oder auch Zucker könnte in unterschiedlicher Form und Zusammensetzung verstanden werden). Der Sinn geht über die Bedeutung hinaus und bezieht sich auf den Zusammenhang von Bedeutungen in einem Kontext. In einem Lokal, wäre dieser Satz wohl wenig sinnvoll, während die Sinnzuordnung, dass der/die SprecherIn entweder der Sprache nicht mächtig oder geistig verwirrt ist, wiederum Sinn in Hinblick auf diesen Satz macht. Auf diese Weise macht der Satz nur dann Sinn, wenn ein Kontext geschaffen wird, der dem Satz Sinn verleiht – und Wirkung zeigt, wenn etwa die angesprochene Person die sprechende verständnislos anstarrt. Gegenstände sind also in ihrer Bedeutung, Handhabung und Funktion kontextgebunden, weshalb der Satz „Gib mir Zucker" nur Sinn macht, wenn eine andere Person angesprochen wird, die vermutlich über den nachgefragten Zucker verfügt.

Bedeutung und Sinn haben eines gemeinsam: Sie sind Ordnungsformen des Erlebens (Luhmann 1982, S. 31, 61) und ermöglichen uns, Komplexität zu reduzieren und uns in einem sozialen Kontext handlungsfähig zu halten. Artefakte bleiben daher (wie jede Handlung), worauf auch schon Weber (1980) verwies, ohne Sinnzusammenhang unverständlich. Aber an dieser Stelle ist es wichtig, zwischen unterschiedlichen Varianten von Sinn zu differenzieren: (1) Der gemeinte Sinn, den die Menschen mit ihrem Artefakterleben verbinden, bleibt dem wissenschaftlichem Zugang verschlossen, weil wir zum einen das Erleben anderer nicht erfassen können, da die Menschen ein Artefakt zu verschiedenen Gelegenheiten unterschiedlich wahrnehmen (etwa ein Brotmesser, mit dem man sich gerade geschnitten hat; oder ein VHS-Videorekorder, den man seit 30 Jahren besitzt) und Aussagen über ihr Erleben dieses nicht immer korrekt wiedergeben, sondern vielleicht für die Forschung erinnern und formulieren. (2) Der subjektive Sinn wird als ein typisierter, dem durchschnittlichen Subjekt in einer spezifischen Situation unterstellbare Sinn durch Hineinversetzen in die wahrnehmende Person in Hinblick auf deren wahrscheinliches Artefakterleben (re-)konstruiert. (3) Der objektive Sinn ist wiederum unabhängig von Intentionen mit einem Artefakt verbunden (etwa als Konstruktionsprinzip einer Metalltafel mit einer Halterung und einer speziellen Beschichtung; als kollektive Überzeugung bezüglich eines Gegenstands, die in der Tafel eine Verkehrstafel erkennt; als Eigenschaften, die unabhängig von einem Subjekt nachvollziehbar sind, wie die Flachheit der Tafel; die Repräsentation eines fertigen Sinnzusammenhangs, wenn etwa Menschen vor einer Stopptafel anhalten, weil ein Nichtbeachten der vermittelten Anhalteregel mit Sanktionsdrohung belegt ist). (4) Der praktische Sinn wiederum wird als in den Alltagszusammenhang integriert analysiert und ist in die Logik der Praktiken im Umgang mit Artefakten eingeschrieben (wenn man etwa langsam in die freie Kreuzung einfährt und das Stoppzeichen ignoriert, solange keine Polizei in Sicht ist).

Für die Artefaktanalyse gilt es daher, die verschiedenen Verweisungshorizonte zu untersuchen, welche den Kontakt mit Artefakten regeln. Dabei repräsentieren die Sinnformen unterschiedliche Verweise, die allerdings nicht als einmal gegeben hingenommen werden, sondern als veränderlich, weshalb die Berücksichtigung von Veränderungskontexten nötig ist.

d) *Artefakte sind immer in einen zeitlichen Kontext integriert*

Die obigen Ausführungen haben bereits verdeutlicht, dass Vorstellungen von Artefakten situativ variieren. Das hängt nicht nur mit den jeweilig eingenommenen Betrachtungsperspektiven zusammen, sondern auch mit der Zeitstruktur, in die die Entwicklung eines Artefakts, dessen Bestandsdauer oder die Veränderung des Artefaktkontextes eingebunden ist. Das ist vorerst eine triviale Feststellung, denn immerhin müssen Artefakte erst erzeugt werden und durchmessen einen Zyklus, der über Modifikationen bis hin zur Zerstörung reicht. Und auch der Kontext spielt hier eine Rolle, denn die Gesellschaft verhält sich gegenüber ihren Artefakten in vielen Fällen nicht indifferent. Deutlich wird das im Alltag: Das Milchpaket im Regal ist, wenn einmal das Ablaufdatum deutlich überschritten wird, in der Vorstellung ein anderes als mit Ablaufdatum, das noch in der Zukunft liegt. Dasselbe gilt für eine alte Floppy-Disk, für die man erst ein Laufwerk auf einem Flohmarkt erstehen muss und dann noch einen Computer mit passenden Anschlüssen und einer geeigneten Software braucht. Was für moderne Datenverarbeitung inadäquat ist, erweist sich vielleicht für Sammler als begehrtes Objekt – nur mit anderer Bedeutung in einem anderen Sinnbezirk. Und Gebäude werden in einem spezifischen historischen Kontext erbaut, der sich wandelt, auch wenn die Gebäude erhalten bleiben (wie eine Barockkirche). Oder sie werden den neuen Anforderungen angepasst und entsprechend baulich verändert (z.B. behindertengerechte Eingänge).

Artefakte werden in der Gegenwart wahrgenommen, wobei deren Dauerhaftigkeit (im Sinne von Objektpermanenz) als Kongruenz über einen Beobachtungszeitraum hinweg, hingegen die Veränderlichkeit als Differenz interpretiert wird. Somit ist Kontinuität und Wandel nicht nur auf das Artefakt bezogen, sondern impliziert dessen wiederholte Beobachtung und einen Vergleich mit diesen Beobachtungen, die sich als kongruent oder different erweisen (Lueger 2001, S. 140). So erstreckt sich in zeitlicher Hinsicht die Wahrnehmung retrospektiv auf die Vergangenheit, die sich auf die Erfahrung und den Abgleich mit Konzepten stützt und aus der Erinnerung an das beobachtete Artefakt stammt. Mitunter wird diese Gegenüberstellung auch an vergleichbaren Artefakten vorgenommen, um etwa Eigenschaften eines neuen Artefakts im Vergleich zum gegenwärtigen gehandhabten und abgenutzten zu kontrastieren. Prospektiv wiederum wird die Artefaktentwicklung (z.B. in der Herstellung, im Gebrauch oder ihrer Entsorgung) in die Zukunft projiziert, woraus Erwartungen abgeleitet werden. So gesehen interpretieren wir Artefakte in der Gegenwart vor dem Hintergrund der Erinnerungen aus der Vergangenheit und in Bezug auf die künftigen Erwartungen. Die Wirklichkeit der Artefakte ist somit die in die Zukunft projizierte aus der Erfahrung geformte gegenwärtige Imagination von Realität. Damit wird ein Kunstwerk am Kunstmarkt zu einem veränderlichen Wert, der sich aus der bisherigen Beliebtheit der kunstschaffenden Person oder der Marktgängigkeit der Stilrichtung speist, wodurch die sozial zugeschriebenen Charakteristika des Kunstgegenstandes (z.B. Wertanlage, Prestige, Kunstfertigkeit) den Besitztransfer regulieren. Aber das gilt auch für den Kauf und die Nutzung eines Autos, das die bisherigen Erfahrungen (z.B. Reparaturanfälligkeit, Prestige) in die Zukunft transferiert und damit die

Entscheidung erleichtert. Dabei ist also nicht bloß das Artefakt adressiert, sondern dessen Handhabung im gesellschaftlichen Kontext.

Auch der Prozess der Herstellung impliziert eine spezifische mit dem Artefakt verbundene Strukturierung der Zeit. Einfach gehalten sind diese im Fall von Spuren, wenn etwa Schuhe während des Gehens Trittspuren im Schnee hinterlassen, was sehr schnell geschehen ist und diese zumindest solange erhalten bleiben, wie der Schnee die Form behält (und nicht etwa schmilzt, sich andere Spuren darüber legen oder es darüber schneit und der Neuschnee die ursprüngliche Spur weitgehend verdeckt). Komplexer ist das bei Maschinen und Gebäuden, die bereits in der Vorstellung lange vor Baubeginn als Entwurf im Kopf oder als Zeichnung in Plänen als idealisierter Prototyp entstehen und dann im Fertigungsprozess so angefertigt werden, dass sie den ursprünglichen Vorstellungen abhängig von der Fertigungskompetenz mehr oder weniger gut entsprechen und als fertiges Produkt von den Menschen gehandhabt werden (müssen). Gute Planung oder auch Fehlplanungen dehnen die damit verbundenen Folgen auf möglicherweise viele nachfolgende Generationen aus (wie im Fall einer Endlagerstätte für Atommüll).

Die Zeitdimension ist aber auch relevant in Hinblick auf die mit dem Artefakt verbundenen Koordinationsprozesse. Viele Artefakte sind in soziale Prozesse auf sehr spezifische Weise eingebunden und schaffen als solche Voraussetzungen und Folgen für Aktivitäten oder für den Gebrauch anderer Artefakte. So muss man vorher mit einem Schlüssel das versperrte Schloss öffnen, um danach durch die Tür einen Raum betreten zu können. Am Fließband sind die Maschinen so angeordnet, dass sie die Materialbearbeitung in eine zeitlich abgestimmte Folge anordnen und damit die anfallenden Bearbeitungsschritte koordinieren. Der Verkehr wird mittels Ampeln zeitlich aufeinander abgestimmt, um Kollisionen zu vermeiden. Also sind Artefakte in allen Phasen ihrer Existenz in eine Prozessstruktur eingebettet, welche das Verhältnis der Artefakte zu ihrem sozialen Umfeld bestimmt.

e) *Artefakte sind kommunikative Mitteilungen*

Artefakte als von Menschen hergestellte Dinge existieren nicht einfach in der Welt, sondern sind Formen von Mitteilungen. Im sozialen Kontext kommt ihnen damit eine Vermittlungsfunktion zu (siehe Abschnitt 2.5), wobei sich während der Produktion und im sozialen Sinnzusammenhang Informationen in das Artefakt einlagern, die jedoch der Interpretation bedürfen und auf diese Weise ein Verständnis des Artefakts in seinem situativen Bezug generieren. Im einfachsten Fall lässt sich das an einem Verkehrsschild zeigen, das beispielsweise ein bestimmtes Verbot zum Ausdruck bringt, welches von VerkehrsteilnehmerInnen relativ problemlos als solches identifiziert werden kann. Hier wird durch die genau vorgegebene Gestaltung (z.B. die Gestaltungsvorgaben in Gesetzestexten) und durch die sozialisatorische Aneignung der damit verbundenen Information (z.B. in Fahrschulen oder durch Broschüren) die Bedeutung des Artefakts in einem Sinnzusammenhang (Verkehrssituation) vermittelt, sodass die meisten VerkehrsteilnehmerInnen in der Lage sind, diese eingelagerte Information auch in der vorgesehenen Weise zu verstehen. Das funktioniert meist nur dann nicht, wenn die VerkehrsteilnehmerInnen aus Ländern kommen, in denen diese Verkehrszeichen anders gestaltet sind, es sich um sehr junge und mit dem Straßenverkehr noch unerfahrene Personen (z.B. Kinder) oder um Personen handelt, die das Artefakt nicht sinnlich adäquat erfassen können (z.b. blinde Personen), weshalb sie die mitgeteilte Information nicht korrekt einordnen können.

Nicht in allen Fällen ist die Bedeutung auf diese Weise kodifiziert, sondern viele Artefakte vermitteln ihre Botschaft schon durch ihre schiere Präsenz: So ist eine Mauer ein schwer zu überwindendes Hindernis, das klar signalisiert, dass der Eintritt in den dahinter liegenden Raum an dieser Stelle nicht vorgesehen ist. Ignoriert man diese Botschaft, holt man sich entweder eine blutige Nase, oder man versucht mit der Gewalt eines Bulldozers die Mauer einzureißen und damit zu überwinden. Aber auch hier ist die Botschaft, dass man zur Überwindung einige Anstrengung unternehmen muss. Auch ein Gerät funktioniert nur dann einwandfrei, wenn die Bedienung den eingelagerten Regeln folgt. Daher wirkt die in das Artefakt eingegangene Information auch dann, wenn man sie ignoriert oder missversteht (Nicht- oder Fehlfunktion).

Begreift man Artefakte als Mitteilungselement in einem kommunikativen Prozess, so bilden sie Sinnmaterialien, die im Verstehensprozess der Auslegung bedürfen. Verstehen erfordert dabei, die im Artefakt repräsentierten potentiellen Informationen zu erkunden, wobei es sinnvoll ist, drei Sinndimensionen zu berücksichtigen (Luhmann 1984, S. 568ff.): (1) Die soziale Dimension sagt etwas über die mit dem Artefakt verbundenen Beziehungen aus: Beispielsweise repräsentieren Handschellen im Polizeikontext ein spezifisches Herrschaftsverhältnis zwischen der Person, die sie angelegt hat und jener, der sie angelegt wurden und schränken damit auch die Handlungsmöglichkeiten einer Person ein. Diese sozialen Beziehungen finden sich in vielen Artefakten, wenn etwa Raumplaner vorsehen, welche Wege die BesucherInnen eines Gebiets beschreiten sollten oder wenn die BesitzerInnen eines Mobiltelefons einen entsprechenden Vertrag mit einem Funknetzanbieter abschließen müssen, um dieses nutzen zu können. (2) Die sachliche Dimension wiederum besagt etwas über die Verbindung eines Artefakts mit anderen Artefakten oder mit spezifischen Handlungsweisen, mit denen sie kompatibel sind. Beispielsweise können Handschellen erst angelegt werden, wenn es die Situation erlaubt (etwa vorher mit einer Pistole zum Verzicht auf Gegenwehr motivieren); für den Betrieb eines Fernsehgeräts braucht man einen Stromanschluss oder zumindest eine Batterie und den Anbieter eines Fernsehprogramms; um schnell von einem Ort zu einem anderen zu gelangen, braucht man ein entsprechendes Fahrzeug; und um einen Raum ausmalen zu können, sind Malerfarbe und eine Leiter hilfreich. (3) In zeitlicher Dimension sagt das Artefakt, wann es sinnvoll eingesetzt wird (z.B. Handschellen anlegen, wenn Fluchtgefahr oder wenn Widerstand zu erwarten ist; eine Stanzmaschine in einem Produktionsablauf) oder welche Vorlaufartefakte (z.B. Geld für den Erwerb einer Kaffeemaschine) und Folgeartefakte (Kaffee, Wasser und Strom) für den Gebrauch erforderlich sind.

3.2 Prinzipien der Artefaktinterpretation

Die Ausführungen des letzten Abschnitts machten deutlich, dass die Analyse von Artefakten nicht nur nicht von ihrem Kontext abgetrennt werden kann, sondern dieser Kontext und damit die soziale Einbettung geradezu die Voraussetzung für ihr Verständnis bildet. Artefakte lassen sich daher nicht von diesem Kontext isolieren, sondern dieser bildet den Kern einer Artefaktanalyse, die an Bedeutungen, sozialen Prozessen und Strukturen in ihrem Umfeld interessiert ist, also an Gesellschaft. Für eine interpretative Artefaktanalyse sind Artefakte ein Vehikel zum Verständnis der sozialen Welt. Im Vorfeld der Konkretisierung eines Verfahrens zur Analyse dieser komplexen Verweisungsstruktur sind einige Besonderheiten einer interpretativen Sozialforschung zu berücksichtigen, welche die zentralen Vorstellungen einer wissenschaftlich geleiteten Interpretation betreffen:

a)   Artefaktanalyse als spezifischer Fall alltäglicher Interpretation
Genaugenommen geben Artefakte nichts von sich aus preis, sondern es bedarf einer mühsamen (Re-)Konstruktion des Bedeutungsgehalts und der Kontexteinbettung dieser Gegenstände im Zuge der Interpretation. Solche Interpretationen basieren auf alltäglichen Verfahrensweisen, mit deren Hilfe wir unsere Umwelt mit Bedeutungen versehen und in einen Sinnzusammenhang einordnen. Wir brauchen im Alltag nicht lange überlegen, wofür wir einen Schlüssel oder ein Trinkgefäß brauchen oder welche Verhaltensweisen von uns als BesucherInnen eines klassischen Konzerts erwartet werden – wir können auf unsere Erfahrungen vertrauen; und wenn wir keine Erfahrung haben, orientieren wir uns vielleicht an der vorfindbaren dinglichen Umwelt (z.B. Einrichtungsgegenstände, Wege, Brücken), die uns Hinweise gibt, was typischerweise in einer spezifischen Situation erwartet wird; und wenn das nicht reicht, achten wir darauf, was andere Personen in dieser Situation tun oder ziehen bei vermutlich kundigen Personen oder anderen Quellen (Bücher, Internet) Erkundigungen ein (sofern das die Situation erlaubt).

Im Gegensatz zum Alltagsverständnis, das sich unter permanentem Handlungsdruck auf Normalitätsvorstellungen, schnellen Einordnungen und damit auf Verkürzungen stützt, versucht wissenschaftliche Interpretation solche voreiligen Zuordnungen zu vermeiden (vgl. Soeffner 2004, S. 32f.). Damit macht Wissenschaft geradezu das Gegenteil des Alltagsverstandes: Sie stellt unermüdlich Deutungen und Vorstellungen in Frage, verlässt sich nicht auf Selbstverständlichkeiten und versucht, alternative Bedeutungsmöglichkeiten in Hinblick auf ihre Relevanz und Tragfähigkeit zu erkunden. Dieses Infragestellen ist deshalb so wichtig, weil wir in unseren Interpretationen immer von ‚Vorurteilen' – allerdings unter besonderer Berücksichtigung ihrer Überwindung (siehe Gadamer 1986, S. 281ff.) – ausgehen müssen (z.b. können wir ohne Sprachverständnis keinen Text verstehen und wir wissen zumindest grundsätzlich, was ein Haus oder ein Stuhl ist, auch wenn diese sehr unterschiedlich gebaut sein können). Damit wir aber neue Erkenntnisse erlangen können, sollten wir auch alternative Deutungen zulassen, um die durch ein Artefakt eröffneten Möglichkeitsräume zu erkunden, wie dies auch KünstlerInnen tun, wenn sie den Kontext von Gegenständen variieren oder sie auf eine unterwartete Weise arrangieren und damit neue Sichtweisen einfordern.

So gesehen beruht wissenschaftliche Interpretation auf denselben Grundlagen wie die Alltagsinterpretation, versucht jedoch, die Interpretation so zu systematisieren, dass die Ergebnisse zuverlässig sind und nicht nur dem ersten Anschein oder einer vordergründigen Plausibilität folgen (Soeffner 1999, S. 40f.). So kann ein schweres Bierglas auch als Tatwaffe oder als Blumentopf fungieren und/oder als Kunstinstallation zur Reflexion über Konsumverhalten anregen – also je nach Kontext seine Bedeutung, Funktion und Handhabung verändern. Um diese Ausweitung des Blickfeldes zu ermöglichen, methodisiert die interpretative Sozialforschung den hermeneutischen Zweifel und die permanente Reflexion bezüglich Geltungsbedingungen einer Deutung (Peirce 1991b, S. 13ff., 40ff.; Gadamer 1986, S. 281ff.). Damit das funktioniert, ist es sinnvoll, das Artefakt aus verschiedenen Blickwinkel nach unterschiedlichen Dimensionen auszuloten und einen möglichst umfassenden Vorstellungsraum an diese heranzutragen. Aber das stellt auch paradoxe Ansprüche, nämlich gleichzeitig ein möglichst vielfältiges Wissen an den untersuchten Gegenstand heranzutragen und dennoch eine naive Distanz zu wahren: Der permanente Zweifel ist ein Weg, dieses Wissen nicht voreilig als gültig zu akzeptieren, während es die naive Distanz ermöglicht, abduktiv innovative Vorstellungen zu entwickeln (Reichertz 2013a), ohne sich von den etablierten Grenzen des Wissens beeinträchtigen zu lassen. Da dieser Prozess eine Vielzahl an Interpretationsmöglichkeiten generiert, ist es ebenso wichtig, diese nach ihrer möglichen Tragfähigkeit zu ordnen und ihre Geltung zu hinterfragen. Dafür bietet sich ein gedankenexperimenteller Umgang mit den Artefakten an: Was würde mit dem

3.2 Prinzipien der Artefaktinterpretation

Artefakt und den mit diesem konfrontierten Personen oder der Umwelt geschehen, wenn man dessen Kontextualisierung spielerisch variiert? Und unter welchen Bedingungen könnte man eine Interpretation als verlässlich akzeptieren?

b) Multidimensionale Verankerung

Mit dieser zweifelnden Haltung ist bereits angesprochen, dass die mehrdimensionale Verankerung von Artefakten in der sozialen Welt einen entscheidenden Bezugsrahmen für deren Analyse schafft. Nicht nur die oben genannten Dimensionen sind hier wichtig, sondern auch die Gleichzeitigkeit der differenzierten sensorischen Präsenz (z.B. visuell, taktil), die in der Analyse eine sehr unterschiedliche Rolle spielen kann. Dabei ist die visuelle Dominanz auffällig und auch verständlich: Viele Gegenstände berühren wir nicht, sie verströmen auf Distanz auch keinen Geruch und wir kämen nie auf die Idee, ihren Geschmack zu prüfen. Würde jemand das Verkehrszeichen betasten, daran riechen oder gar daran lecken, würde das bei BeobachterInnen vermutlich zur Zuschreibung geistiger Verwirrung führen (oder als TV-Aufnahme für „versteckte Kamera" gedeutet werden).

Die sensorische Verankerung von Artefakten zeigt bereits ihre unterschiedliche Positionierung im Gefüge der Alltagswelt: Parfums sind dafür geschaffen, dass jemand den Geruch wahrnimmt; Kleidung zeichnet sich durch ihren angenehmen Griff aus, einen Lautsprecher wählt man nach seinem Klang (oder seiner Größe) aus und ein Rasenmäher wird nach der visuell erkennbaren Funktionalität, dem Datenblatt und der Herstellungspräzision beurteilt. Nur der Geschmack bleibt bei vielen Artefakten ausgeblendet – wenn man einmal von Speisen absieht oder feststellt, dass die Gummierung einer Briefmarke nicht wirklich gut schmeckt. Mitunter erkennen wir die Bedeutung einer Dimension nicht so einfach, wenngleich sie eine Wirkung auslöst: So mühen sich Geruchsdesigner in der Fahrzeugindustrie ab, um einen ansprechenden Geruch des Neuen zu vermitteln, auch der Motorenlärm dringt selektiv gefiltert in den Fahrgastraum (um etwa das Fahrerlebnis eines Sportwagens hörbar zu machen), die Tür eines Oberklassewagens sollte nicht blechern (und damit billig) wirken und die präzisen Spaltmaße sollten die Produktionsqualität insgesamt verdeutlichen. All das ist nicht unbedingt nötig, würde man die Funktionalität eines Fahrzeugs betrachten; aber es verändert die Attraktivität, ist dadurch von wirtschaftlicher Bedeutung und hat etwas mit dem Selbstverständnis der KäuferInnen zu tun, die auf solche Komponenten mehr oder weniger großen Wert legen. Diese Überschneidungen gelten auch für Alltagsprodukte, wenn etwa ein Schreibwerkzeug einen üblen Kunststoffgeruch verbreitet und den ästhetischen Präferenzen widerspricht, sich aber angenehm anfühlt, lautlos und weich über das Papier gleitet und ein wunderbares Schriftbild abgibt. Im Falle der Verwendung in einem ökologiebewegten Kontext stellen sich zudem Fragen nach der Verwendung nachhaltiger Materialien oder nach der mit der Produktion und der Entsorgung verbundenen Gesundheitsgefährdung. Manche dieser Komponenten färben auf das Image jener Person ab, die diesen Gegenstand handhabt.

Im Rahmen der Artefaktanalyse ist es daher unabdingbar, die verschiedenen lebensweltlichen und strukturellen Verankerungen zu berücksichtigen. Das bedeutet zum einen, den Stellenwert der sensorischen Präsenz von Artefakten zu beleuchten. Zum anderen ist die Verankerung in den Alltagspraktiken zu berücksichtigen, die mit verschiedenen Aspekten eines Artefakts, mit den spezifischen Kontexten seines Lebenszyklus, seiner Präsenz und seiner Modifikation, Zerstörung oder Entsorgung zu tun haben sowie die Frage, wie sie dabei die Menschen und ihr Handlungsfeld beeinflussen. Damit gibt es auch nicht bloß eine einzige Artefaktbedeutung, sondern diese changiert mit den jeweiligen Zusammenhängen, in dem sie auftauchen – wobei für die Analyse genau diese Verbindung zwischen Artefakten und ihrer Einbettung in soziale Kontexte von Interesse ist.

Beschreiben lässt sich das auch in Form von Sinnbezirken als situierte Figurationen aufeinander bezogener Gegenstände, Bedeutungen und Handlungen, in denen ein spezifisches Artefakt auftaucht: So gesehen ist eine abstrakte Metallskulptur in einer Kunsthandlung in einen völlig anderen Kontext integriert als eine solche im Lager einer Gießerei. In der Kunsthandlung erwirbt man eine Skulptur, die für den Verkauf an kunstsinnige Menschen gedacht ist. Das ist ein völlig anderer Kontext als der Metallgegenstand als einzuschmelzender Rohstoff. Somit grenzen sich Sinnbezirke nicht nur deutlich voneinander ab, sondern folgen auch einer anderen Zusammenhangslogik, wodurch die verschiedenen Eigenschaften eines Artefakts unterschiedliche Relevanz erhalten: Für den Kunsthandel ist das Interesse an den KünstlerInnen und deren Marktwert sowie der erzielbare Erlös wichtig und nicht der Materialwert oder die Materialeigenschaften, was sich für einen metallverarbeitenden Betrieb anders darstellt. In diese Sinnbezirke sind auch die weiteren in dieser Situation vorkommenden Gegenstände oder in der Situation wichtigen Kompetenzen relevant: Etwa die Ausstellungsvitrinen oder Echtheitszertifikate sowie das Wissen über Skulpturen und Kunstgeschichte für den Kunsthandel; Schmelzöfen und Gussformen sowie das Wissen über Metalle und Metallverarbeitung im spezialisierten Gewerbebetrieb. Mit dieser Einordnung in Sinnbezirke erkennt man manche Artefakte an bestimmten Orten schnell als unangebracht oder man weiß, welche Artefakte angemessen sind: Die Badehose gehört daher kaum in die Oper; ein Smartphone ist ein üblicher Begleiter junger Menschen, während es überraschend wäre, wenn ein Jugendlicher heutzutage mit einem alten, großen und schweren Festnetztelefon umherläuft und dafür einen Anschluss für ein Telefonat sucht. Und in einem normalen europäischen Restaurant erwartet man nicht, dass man wilde Tiere beobachten und Möbel kaufen kann, aber nichts zu essen oder zu trinken bekommt. Insofern ist eine Differenzierung in verschiedene Dimensionen, wie Sinnlichkeit, Raumbezug, soziale Verortung, Zeitverankerung oder der Sachkontext nur ein erster Ausgangspunkt der Analyse, während die Analyse der Sinnbezirke eines Artefakts die Komplexität sowie die einheitsstiftenden Elemente von Artefaktkontexten und deren Strukturation herausarbeitet.

c) Rigorose Prüfung der Interpretationen

Wissenschaftliche Interpretationen sind immer gewagt, weil sie dem Datenmaterial eine Bedeutung zuschreiben und sie in einen Sinnzusammenhang stellen, der möglicherweise aus der Beobachterperspektive der Wissenschaft plausibel erscheinen mag, aber mit der empirisch erfahrbaren Wirklichkeit nur bedingt kompatibel ist. Die Vielfalt der Bedeutungsmöglichkeiten und der permanente Zweifel schaffen zudem Unsicherheit über die Gültigkeit der im Zuge einer Artefaktanalyse generierten Ergebnisse. Vielfalt ist jedoch nur ein Schritt im Analyseprozess, auf den die mühsame Prüfung der herausgearbeiteten Optionen folgen muss. Es geht ja nicht um die Möglichkeiten, sondern um deren empirische Verankerung. Daher ist es wichtig, nach zusammenhängenden Mustern zu suchen, die einen in sich stimmigen Kontext abbilden. Darüber hinaus stellt sich immer die Frage, unter welchen Bedingungen man eine Interpretation (zumindest vorläufig) akzeptiert und damit auch die Folgefrage, welche Prüfkriterien man anlegen muss, um die Zuverlässigkeit der Interpretation sicherzustellen.

Zu diesem Zweck bietet sich an, den Bedeutungshof des Artefakts und seiner Elemente zuerst zu zerlegen, und dann in ihrem Zusammenspiel in Hinblick auf den sozialen Kontext wieder aufzubauen. Damit ist der erste Schritt die Dekonstruktion, also die Distanzierung von der alltagsweltlichen Sinnhaftigkeit, die Herauslösung des Artefakts aus seinem unmittelbaren Kontext, seine Zerlegung in viele mögliche Bestandteile und deren Untersuchung aus verschiedenen Blickwinkeln, um die voreilige (und häufig subsumtionslogische) Anwendung von Vorwissen zu verhindern und einen offenen Interpretationsrahmen zu schaffen. Der nächste Schritt kehrt diesen Weg um und befasst sich damit, diese Vielfalt in eine systematische Struktur zu integrieren, indem man den Artefaktkontext rekonstruiert. Damit wird das Artefakt zu einer Manifestation der damit verbundenen Lebenswelten. Das Artefakt geht in diesem Schritt als integraler Bestandteil sozialer Prozesse auf, die dieses entstehen lassen und deren Umgang strukturieren. Dabei ist es wichtig, entsprechende Prüfverfahren in Hinblick auf die Geltung der Interpretationen und ihre Verlässlichkeit zu entwickeln.

d)   Intersubjektiv verlässliche und brauchbare Theoriekonstruktion
Das Ergebnis des Analyseprozesses ist nicht eine festzulegende Wahrheit, sondern die Tragfähigkeit und Verlässlichkeit einer Theoriekonstruktion, die sich auch in einem kritischen Test bewährt. Die Überlegung dabei ist, dass es nicht eine allumfassende Analyse eines Artefakts geben kann, sondern eine, welche das Artefakt in spezifische, vom Erkenntnisinteresse angeleitete Kontexte stellt und ihren Beitrag zur Gestaltung der sozialen Welt erläutert. Untersucht man ein Gefäß in seiner kulturellen Verankerung, so ist es vielleicht nicht besonders relevant, dass man es zerschlagen und die Scherben als Füllstoff für einen Mauerspalt verwenden kann. Allerdings wird dieser Sachverhalt sehr schnell relevant, wenn es darum geht, wie man zerstörte Materialien weiterverwendet oder wo man möglicherweise Materialien auffinden kann, die ArchäologInnen Aufschlüsse über Trinkgefäße vergangener Kulturen geben können, von denen keine vollständig erhaltenen Fundstücke existieren. Letztlich geht es im dritten Schritt um die Integration der Analyse in den Zusammenhang einer Studie und damit in einen argumentativen Kontext. In sozialwissenschaftlichen Studien ist dabei nicht die Beschreibung des Artefakts, sondern dessen situative, soziale oder gesellschaftliche Bedeutung von Interesse, wofür empirisch gestützte Theorieansätze entwickelt werden, die auf das Erkenntnisinteresse fokussiert sind und die eine von individuellen Sichtweisen unabhängige Geltung aufweisen.

Diese Konstruktionen beruhen auf Beobachtung erster Ordnung (also dem unmittelbaren Blick auf das Artefakt), rekonstruieren dabei die Bedingungen der Beobachtung zweiter Ordnung (also die Konfrontation unterschiedlicher AkteurInnen mit dem Artefakt) und generieren daraus eine eigenständige Perspektive auf die soziale Integration des Artefakts in den alltagsweltlichen Kontext. Diese Perspektive ist eine Analyse jener Sinnstrukturen, die mit dem Artefakt verbunden sind und helfen, Ordnung herzustellen – sei es im Zuge der Wahrnehmung, der Planung und Herstellung, des Gebrauchs, der Veränderung oder der Zerstörung durch verschiedene Gruppen von AkteurInnen. Insofern ist die Artefaktanalyse ein Verfahren, das hilft, theoretische Erkenntnisse darüber zu generieren, wie Gesellschaften funktionieren, wie sich Personen und Gruppen darin positionieren und welche Beiträge Artefakte dafür liefern.

3.3   Schlüsselfragen der Artefaktanalyse

Die Kernidee der Artefaktanalyse beruht darauf, dass mit jedem Artefakt ein neuer Gegenstand in die Welt gesetzt wird, der Optionen eröffnet oder verschließt, mit Bedeutungen versehen und manipuliert wird und auf diese Weise die Gesellschaft

3.3 Schlüsselfragen der Artefaktanalyse

bereichert. Interpretative Sozialforschung fungiert als durchaus spezifischer Zugang zur Artefaktanalyse, der das Artefakt als integrativen Bestandteil sozialer Prozesse und Strukturen und somit als wesentliches Element zum Verständnis der Gesellschaft insgesamt betrachtet. Um die Komplexität der sozialen Verankerung solcher menschengeschaffener Gegenstände zu erfassen, orientiert sich die Artefaktanalyse an vier Grundfragen (Froschauer und Lueger 2016, S. 363f.), die nicht nur eine allgemeine Annäherung an die Analyse unterstützen, sondern auch die entsprechende Breite der Analyse gewährleisten – und zwar unabhängig von einer konkreten Fragestellung:

Warum gibt es ein Artefakt?

Diese erste Frage befasst sich mit den Existenzbedingungen eines Artefakts. Die Unterstellung ist, dass es irgendwelche Gründe gibt, welche zur Herstellung und Gestaltung eines Artefakts in der vorliegenden Form geführt haben. Das muss nicht mit Intentionen verbunden sein, sondern es kann sich um Spuren handeln, die Menschen im Zuge ihrer Tätigkeiten hinterlassen.

Insofern lassen sich zwei Varianten von Existenzbedingungen unterscheiden: Die erste ist die ungewollte Artefakterzeugung, wie sie etwa in Form von Spuren zum Ausdruck kommen (wenngleich diese auch bewusst gelegt werden können – wie etwa von Kriminellen oder von KünstlerInnen, um die BetrachterInnen in die Irre zu führen). Spuren erzählen etwas über die Bedingungen der Möglichkeit ihrer Existenz. Die zweite ist eine intendierte Erzeugung von Artefakten, die bestimmten Um-zu-Motiven folgt (Schütz 1981, S. 115ff.; Luckmann 1992, S. 56ff.). Hier stellt sich die Frage, wie es zu dieser Vorstellung der Sinnhaftigkeit der Herstellung eines Artefakts kommt. Das können Überlegungen in Hinblick auf ihre Nützlichkeit sein (z.B. Brille, Haus), sie können der Signalisierung sozialer Verhältnisse dienen (z.B. Uniformen, Prestigebauten) oder sie können bestimmte Handlungen regulieren (z.B. Stühle oder Verkehrszeichen). All das erfordert die Abstraktion der vollzogenen Herstellung und deren Bedeutung, die jedoch in der Umsetzung scheitern kann. Insofern entsprechen Artefakte nicht zwangsläufig den Vorstellungen, die mit ihrer Herstellung verbunden waren, sondern sie können auch als misslungene Artefakte die Welt anreichern.

Diese Logik des Anlasses orientiert sich somit daran, was ein Artefakt aus welchen Gründen materialisiert und welcher Kontext es überhaupt nachvollziehbar macht, dass ein Artefakt in die Welt gesetzt wurde. Es ist also die Verortung des Artefakts in seiner physischen und sozialen Welt, die hier in den Vordergrund rückt. So machen Schulen nur innerhalb einer mehr oder weniger institutionalisierten Vorstellung von (Aus-)Bildung Sinn, Werkzeuge nur, wenn man andere Materialien damit bearbeiten kann, Kleidung kann auf klimatische (wie Hitze, Kälte, Nässe) oder soziale Umstände (wie Kleiderordnung, Preise, Image) verweisen und Spuren entstehen nur unter geeigneten Umständen, die ihre Bildung ermöglichen (z.B. Fingerabdrücke aufgrund der Papillarleisten an der Fingerkuppe und einem Medium, das Abdrücke davon aufnimmt).

Wie machen Menschen das Artefakt?

Damit sind die Produktionsbedingungen angesprochen, weil Artefakte schon definitionsgemäß hergestellt werden müssen. Artefakte sind daher externalisierte und materialisierte Handlungsprodukte und als solche zwangsläufig in einen Handlungszusammenhang integriert, der mehr oder weniger komplex sein kann. Spuren im Schnee sind einfache Zeugnisse davon, dass eine Person durch den Schnee gegangen ist, und dabei entsprechende Abdrücke hinterlassen hat – oder solche Spuren vielleicht auch nur vorgetäuscht hat. Wie Kriminaltechniker wissen, lassen solche Spuren gute Schlüsse auf deren Entstehen zu, wie etwa eine spezifische Gangart, die Schrittlänge oder bestimmte Strategien zum Vortäuschen von Spuren. Bewusst hergestellte Artefakte setzen eine abstrakte Vorstellung vom fertigen Gegenstand und das dafür erforderliche Material voraus. Dabei kann die Planung, aber auch die Herstellung misslingen, was auf die erforderlichen Produktionskompetenzen in Hinblick auf die Eigenschaften des Ausgangsmaterials und dessen Bearbeitung verweist. Komplexer werden diese Handlungszusammenhänge, wenn das Artefakt in globaler Kooperation entsteht und diese auch erfordert. Das ist inzwischen bei vielen elektronischen Alltagsgegenständen der Fall, wie das im Smartphone sehr klar zum Ausdruck kommt, das eine Vielfalt höchst spezifischer Herstellungskompetenzen, seltener Materialien, aufwendiger Technologien und ein komplexes physikalisches, chemisches oder informationstechnisches Wissen voraussetzt. All diese Materialien sind an einem einzelnen Produktionsstandort kaum verfügbar, die erforderlichen Kompetenzen können nicht von einzelnen Menschen erbracht werden, die zum Bau der Einzelteile nötigen Maschinen, Infrastruktureinrichtungen, Arbeitskräfte und Rohmaterialien erfordern eine ausgeklügelte technische und soziale Infrastruktur, was wiederum ein komplexes Ausbildungs-, Handels- und Finanzsystem erfordert, damit die einzelnen Komponenten überhaupt den Weg zueinander finden. Und es bedarf einer elaborierten Abstimmung von Handlungen, um diese einzelnen Teile herzustellen und zusammenzufügen.

3.3 Schlüsselfragen der Artefaktanalyse

Betrachtet man diese Logik der Produktion, so geht es um die Produktionsvoraussetzungen (z.b. die Verfügbarkeit von Ausgangsmaterialien, Energie oder Werkzeug), die dafür erforderlichen Kompetenzen und das im Hintergrund stehende Wissen über die Herstellung (z.b. das Beherrschen von Rechenmethoden und Planungsprozessen, physikalischen Gesetzen, Feinmotorik, Maschinenbedienung), die Koordination von Aktivitäten und der Einbau in Produktionsabläufe (sofern das Artefakt nicht von einer Person herstellbar ist) oder die dafür erforderlichen Voraussetzungen in der Gesellschaft (z.B. Handel, Arbeitsmärkte, Bildungssystem) und somit die Zusammenführung verschiedener Teilprozesse, die letztlich das Artefakt entstehen (oder misslingen) lassen und dabei möglicherweise Abfallprodukte erzeugen.

Was machen Menschen mit dem Artefakt?

Artefakte sind zwar manchmal nur vorhanden, ohne dass sie irgendwer registriert oder gezielt beobachtet (wie Spuren), solange sie nicht besonderes Interesse auf sich ziehen (wie in einem Kriminalfall oder im Second Hand Shop). Aber in den meisten Fällen werden diese Artefakte auf irgendeine Weise gehandhabt. Kunstliebhaber studieren Ausstellungsstücke in entsprechenden Ateliers oder Museen und diskutieren diese vielleicht in Hinblick auf ihre Bedeutung für eine Kunstrichtung oder eine Epoche, man genießt Filme im Kino und spricht darüber im Freundeskreis, spielt mehr oder weniger gekonnt auf dem Klavier und erhält dafür Applaus oder Tadel, arrangiert per Telefon ein Treffen, erfrischt sich mit Getränken aus dem Kühlschrank, bringt alte Möbel zum Restaurator oder überlässt sein inzwischen nicht mehr zulassungsfähiges Auto der Schrottpresse. Aus dieser Perspektive steht die Logik des Gebrauchs im Zentrum und die Frage, welche verschiedenen Gebrauchsformen sich mit diesem verbinden können, wobei sich immer auch alternative Verwendungsformen ergeben: Ein Buch kann man zur Unterhaltung, aus Interesse oder zur Prüfungsvorbereitung lesen; man kann es aber genauso gut zur Dekoration, als Regenschutz, Wurfgeschoss oder Rohstoff für Origami nutzen. Artefakte sind also keine festgelegten Gegenstände, sondern sie können sich je nach Kontext und damit dem relevanten Sinnbezirk in verschiedene Gegenstände verwandeln. Diese Verwandlungen hängen davon ab, in welchen Bedeutungs-, Funktions- oder Handlungszusammenhängen sie auftreten, wobei Artefakte teilweise den Kontext und damit verbundene soziale Phänomene erst hervorbringen: Die Ausstattung eines Hotels macht es erst zum Luxushotel, das von einer bestimmten Gästegruppe gebucht wird und das bestimmte Verhaltensweisen forciert.

So gesehen begleiten die Artefakte die Menschen und sind mehr oder weniger hilfreiche Dinge, ohne die unser Leben deutlich beschwerlicher wäre. Und viele Artefakte werden in ihrem Gebrauch inkorporiert, sodass sie ohne Nachdenken gleichsam automatisch gehandhabt werden. Insofern ist hier von Bedeutung, auf welche Weise sich Menschen die Artefakte aneignen, mit Bedeutung versehen und in die Alltagswelt integrieren. Aber es wäre verkürzt, den Gebrauch auf das einzelne Individuum zu beschränken, weil viele Artefakte in einem sozialen Kontext verwendet werden, in dem sich gemeinsame oder konfliktäre Deutungen über sie und ihre Verwendungsweisen, aber auch unterschiedliche Formen von Handlungskoordinierungen etablieren. Auf diese Weise fungieren Artefakte als Spiegel, die den Menschen zeigen, wer sie sind und als Masken, deren sie sich bedienen können, um anderen etwas vorzuführen. Indem sie solcherart Gesellschaft repräsentieren, erfüllen sie unterschiedlichste Zwecke: Sie zeigen etwas an (z.B. Symbol), dienen als Instrumente (z.B. Werkzeug), verbergen Intentionen (z.B. verdeckte Kamera), verhüllen anderes (z.B. Fassadenplatten); und sie können das je nach Kontext in unterschiedlichen Bereichen erfüllen (etwa Kameraüberwachung als symbolischer Schutz für Passanten und als Kontrollinstrument für die Polizei oder als Datensammlung für WissenschaftlerInnen).

Was macht das Artefakt mit Menschen und Gesellschaft?

Aber die Artefaktanalyse verknüpft solche Dinge nicht nur mit ihren Existenzbedingungen, ihrer Herstellung und ihrer Verwendung, sondern stellt umgekehrt auch die Frage, was die Artefakte mit den Menschen machen und welche sozialen Verhältnisse und Interessen sie dadurch transportieren.

Artefakte etablieren im Alltag eine Verbindung zwischen dem materiellen Gegenstand, dessen begriffliche Einordnung, die eine Deutung impliziert und damit die Orientierung in Hinblick auf ihn strukturiert. Auch wenn wir Artefakte bewusst ignorieren, haben wir uns bereits in ein (wenn auch abwehrendes) Verhältnis zu diesen gesetzt. Sobald wir sie wahrnehmen, lösen sie etwas aus, sei es auf kognitiver (überlegen, wie wir ein gerade erworbenes Gerät bedienen müssen und woher wir entsprechende Informationen bekommen) oder emotionaler Ebene (indem wir uns über das Gerät freuen oder ärgern), oder indem wir unsere Wahrnehmung organisieren (Suche nach den Eingabeelementen oder Anschlüssen) und unser Handeln darauf ausrichten (erforderliche Kabel nachkaufen, das Gerät bedienen). Artefakte verändern auf diese Weise fast unmerklich die Person – zumindest im Vergleich zur Abwesenheit des Artefakts. Das beginnt schon mit der Herstellung, indem man sich an den Erfordernissen orientiert, die mit der Imagination

3.3 Schlüsselfragen der Artefaktanalyse

eines Artefakts verbunden sind (Entwicklung eines Plans, Suche nach geeigneten Ausgangsmaterialien oder Vorprodukten). Aber es sind nicht nur einzelne Personen von diesem Prozess betroffen: Manche Artefakte strukturieren Beziehungen (wie etwa Verkehrszeichen) und greifen so tief in das soziale Zusammenleben ein. Mitunter bilden sie einen ganz klaren Rahmen für gesellschaftliche Aktivitäten. Bei Verkehrszeichen bedeutet das, den dichten Verkehr so zu regeln, dass die Beteiligten halbwegs friktionsfrei und unverletzt an ihren Zielort gelangen. Überwachungssysteme ermöglichen es, Personen auch in Situationen zu kontrollieren, ohne dass jemand anderer anwesend sein müsste (z.b. elektronische Fußfessel, Personalinformationssysteme, Handypeilung). Während der Stoßzeit transportiert die U-Bahn viele Menschen dichtgedrängt auf vorgefertigten Routen zu klar definierten Haltestellen. Am stärksten spürbar wird das im Fall einer Einschränkung der persönlichen Freiheit in Gefängniszellen, welche helfen, eine bestimmte Herrschaftsordnung zu exekutieren. Und im Alltag merkt man sehr schnell, wie ein enger Fahrstuhl Verhaltensweisen zur Wahrung der persönlichen Integrität erzwingt (wie Vermeidung direkten Blickkontakts, Ausrichtung des Körpers; siehe Hirschauer 1999).

Artefakte werden also nicht bloß von Menschen geschaffen, sondern treten ihnen als eigene Realität gegenüber. Als neue Gegenstände modifizieren sie die physische Umwelt und setzen den Menschen Rahmenbedingungen, mit denen sie umgehen müssen. Auf diese Weise entziehen sich Artefakte den ursprünglichen Intentionen und eröffnen Optionen, die so weder geplant noch ursprünglich denkbar waren. Ein Messer kann zum Brotschneiden oder zum Töten verwendet werden – und die Gelegenheit, im Streit über eine mächtige Waffe zu verfügen, oder in einer Verhandlung über Artefakte als Ressourcen zu verfügen, ist verführerisch im Hinblick auf den Einsatz dieser Artefakte. Und solche Artefakte werden in den Alltag einer Kultur integriert und verändern ihre Umgangsformen, wie etwa Elias anhand des Gebrauchs von Messer und Gabel demonstriert (Elias 1977, S. 164ff.).

Daher sind Artefakte keineswegs neutrale Dinge, sondern sie verändern mitunter die Menschen im Umgang mit ihnen: sie machen stark, schwach oder stolz; sie zeigen, ob man kultiviert oder unzivilisiert ist; sie machen es möglich, anderen Freiräume zu gewähren oder diese zu beschränken; sie verführen zur Kontrolle; Drogen verhelfen zu anderen Bewusstseinszuständen; der Herzschrittmacher verlängert das Leben; die Insulinpumpe erhöht die Lebensqualität; und der auf die persönlichen Bedürfnisse eingerichtete Wohnraum schafft eine eigene emotionale Qualität, die sich auf die Stimmung und auf das Verhalten auswirken kann. Über lebenswichtige Artefakte nicht zu verfügen, kann den Stress massiv erhöhen und auch sozial unangepasstes Verhalten provozieren. In manchen Fällen wäre es daher schwierig, einfach auf diese Artefakte zu verzichten: Indem Artefakte unser

Leben bereichern, verändern sie zugleich die Menschen, ihre Vorstellungen und ihre Beziehungen und dadurch die Gesellschaft insgesamt. Deshalb ist es wichtig, die Logik der sozialen und gesellschaftlichen Praxis im Zusammenhang mit Artefakten in die Analyse einzubeziehen.

Interpretative Artefaktanalysen sind also (Re-)Konstruktionen des Artefaktkontextes, die zwischen dem Objektcharakter im Sinne seiner dinglichen Eigenschaften (als Rahmenbedingung des Umgangs mit diesem), dem Sozialcharakter (im Sinne seiner Einbettung in soziale Zusammenhänge) und dem Subjektcharakter (als persönliche Sichtweise in Hinblick auf das Artefakt) changieren. Artefakte verkörpern zumindest teilweise die soziale Welt, indem sie aus irgendeinem Antrieb von Menschen in die Welt gesetzt und in einem Bezug zu deren Handeln und Beziehungen stehen. Und genau diesen Motor der Artefaktproduktion, die damit verbundenen Orientierungen in der Weltsicht sowie die Strukturen der Einbettung in die soziale Welt gilt es aus der Sicht einer interpretativen Sozialforschung zu ergründen. Dabei sind Artefakte nicht als statische Gebilde zu begreifen, sondern als Elemente in einem sozialen Prozess, in dem sie Teilaktivitäten übernehmen (z.B. Waschmaschinen), sich selbst verwandeln (z.B. Abnutzung), für die Menschen unterschiedliche Bedeutungen annehmen und verschiedene Funktionen erfüllen.

Durchführung der Artefaktanalyse 4

Die bisherigen Ausführungen zeigten die Vielschichtigkeit der Verankerung von Artefakten im gesellschaftlichen Kontext. Sie sind also nicht als einfache Gegenstände nur in ihrer Materialität oder ihrer bloßen Form zu erfassen, sondern in ihrer sozialen Kontextualisierung.

In den nachfolgenden Ausführungen wird die Analyse von Artefakten als verallgemeinerter Grundtypus beschrieben. Sowohl die Fragestellung in einem Forschungsprojekt als auch die typische Verankerung oder auch die Eigenschaften eines Artefakts machen es notwendig, das Interpretationsverfahren entsprechend anzupassen. Deshalb widmet sich dieses Kapitel der Darstellung einer konkreten verfahrenstechnischen Umsetzung auf eine Weise, die hinreichend komplex gehalten ist, um sich auf möglichst viele Artefakte anwenden zu lassen. Daher wird in den folgenden Abschnitten als Einstieg die Vorbereitung der Analyse beschrieben, während die anschließenden Abschnitte durch verschiedene Interpretationsebenen bis hin zur Berichterstellung führen.

4.1 Vorbereitung der Artefaktanalyse

Versucht man die methodologischen Grundlagen und die zentralen Fragen der Artefaktanalyse umzusetzen, so ist es sinnvoll, die verschiedenen Ebenen der Analyse noch etwas weiter zu differenzieren. Aus diesem Grund werden (a) einige generelle Vorkehrungen zur Qualitätssicherung im Zuge einer Artefaktanalyse, (b) die Auswahl von Artefakten im Forschungskontext sowie (c) die verfahrenstechnische Grundstruktur als Kern der Artefaktanalyse vorgestellt. Diese Grundstruktur wird dann in den Folgeabschnitten aufgeschlüsselt und in konkrete Fragestellungen umgesetzt.

a) *Vorkehrungen zur Analyse*
Die Sicherung der Qualität einer Artefaktinterpretation erfordert den Einbezug von Maßnahmen, welche geeignet sind, die Verlässlichkeit der Interpretation zu steigern. Dazu zählen insbesondere:

- Die Interpretation im Team: Gerade die Anfälligkeit für eine Subsumtionslogik, nämlich die Erkenntnisse unter bereits verfügbares Wissen unterzuordnen und dadurch das Tor für persönliche und nicht weiter begründete Vorurteile zu öffnen, aber auch die Begrenztheit der individuellen Reflexionsfähigkeit machen es sinnvoll, den Interpretationsspielraum und das Reflexionspotential zu erweitern. Die Interpretation in einem Team hat mehrere Vorzüge (Lueger 2001, S. 393ff.; Reichertz 2013b): (a) Mehrere InterpretInnen erweitern den eingebrachten Erfahrungshorizont und die Beobachtungsperspektive in Hinblick auf die untersuchten Artefakte. (b) Sie verfügen darüber hinaus häufig über unterschiedliches Wissen und bringen höchstwahrscheinlich differenzierte Annahmen in den Interpretationsprozess ein, was den Deutungsspielraum im Zuge einer extensiven Sinnauslegung vergrößert. (c) Eine kritische Diskussion unter mehreren Personen, die unterschiedliche Deutungen einbringen, ist im Zuge der Prüfung der Akzeptanz einer Auslegung essentiell, weil dies den Druck auf eine Begründung der eingebrachten Alternativen erhöht. Das rückt die Suche nach möglichst tragfähigen Annahmen sowie die Formulierung von zu prüfenden Annahmen und die Entwicklung von Kriterien, welche die Zuverlässigkeit einer Interpretation erhöhen könnten, in das Zentrum der Analyse. Damit eine solche Teaminterpretation ihr qualitätssicherndes Potential aufbauen kann, ist bei der Auswahl der Teammitglieder auf mehrere Kriterien zu achten: (a) Sie sollen vielfältige Erfahrungen einbringen, also über ein möglichst heterogenes Erfahrungs- und Wissensspektrum verfügen. (b) Um das kritische Potential bereitzustellen, sollen sie inhaltlichen Konflikten nicht aus dem Weg gehen, sondern diese konstruktiv austragen. (c) Dafür ist es wichtig, dass sie in sozialer Hinsicht konfliktfähig sind und inhaltliche Einwände nicht auf persönlicher Ebene abhandeln, sondern die Kooperation während der Interpretation aufrecht halten. Führt man hingegen die Interpretation im Alleingang durch, so ist zumindest darauf zu achten, sich nicht vorschnell auf vordergründig plausible Interpretationen zu fixieren, sondern immer wieder zu fragen, ob es nicht doch sinnvolle und plausible Alternativen gäbe. Dafür können Gespräche mit ande-

4.1 Vorbereitung der Artefaktanalyse

ren Personen durchaus hilfreich sein, sofern diese ein grundsätzliches Interesse am untersuchten Thema haben.
- Extensive Sinnauslegung mit kritischer Grundhaltung: Ein Team ist nicht zwangsläufig eine Bereicherung der Interpretationsqualität, weshalb einige weitere Rahmenbedingungen der Interpretation zu berücksichtigen sind. Eine Bedingung für den Prozess der Erkenntnisgewinnung ist eine extensive Sinnauslegung, also der Einbezug von möglichst vielen Interpretationsalternativen, wenngleich manche davon vorerst eher unwahrscheinlich anmuten (Lueger 2001, S. 489f.; Oevermann et al. 1979, S. 393f.). Allerdings sichert nicht die Quantität der Deutungsalternativen die Interpretationsgüte, sondern deren anschließende rigorose Prüfung. Dafür ist nicht nur eine ausführliche Diskussion wichtig, sondern es müssen Kriterien herausgearbeitet werden, unter welchen Bedingungen bestimmte Deutungen in der weiterführenden Interpretation aufrechterhalten oder eliminiert werden. Es geht also zum einen um die Ausdehnung des Deutungsspektrums und zum anderen um deren Selektion. In diesem Prozess sind insbesondere die dabei eröffneten Widersprüche einer kritischen Diskussion anhand des Materials zu unterziehen und – falls sich Interpretationsvarianten nicht ausschließen lassen – die dabei generierten offenen Fragen für die weitere Analyse aufzubereiten.
- Die Vermeidung jeglichen Zeitdrucks: Zeitdruck wirkt auf jede Interpretation zerstörerisch, weil sie die InterpretInnen dazu anhält, möglichst schnell tragfähige Interpretationsalternativen zu entwickeln. Das entspricht der Leistung des Alltagsverstands, der die Handlungsfähigkeit im täglichen Leben sicherstellen muss und daher darauf angewiesen ist, schnell treffsichere Kategorisierungen zu entwickeln. Da dieses Verfahren schnelle, im Erfahrungsraum schon präsente Typisierungen aktualisiert, verführt eine solche Vorgangsweise zur Bestätigung der eigenen Stereotype, vernachlässigt aber eine differenzierte Analyse (Soeffner 2004, S. 44ff.). Deshalb ist es wichtig, sich sorgfältig mit der Vielfalt der verfügbaren Interpretationsalternativen auseinanderzusetzen, deren Plausibilität genau zu prüfen und Bedingungen zu Akzeptanz von wahrscheinlichen Alternativen zu diskutieren und damit Entscheidungsprämissen für die weitere Analyse zu entwickeln – und das braucht Zeit.
- Berücksichtigung von Reflexionsschleifen: Besonders wenn man komplexe Artefakte, Artefakte in umfassenderen Kontexten, mehrere Artefakte oder Artefakte in Kombination mit anderen methodischen Zugängen untersucht (Interviews, Beobachtungen), ist es sinnvoll, sich von Zeit zu Zeit zurückzuziehen, um eine inhaltliche und methodische Standortbestimmung der Analyse vorzunehmen (vgl. Froschauer und Lueger 2009, S. 110ff.). Auf inhaltlicher Ebene ist zu überlegen, wo weitergehende Prüfungen von Annahmen erforderlich sind,

welche Lücken in der bisherigen Interpretation aufgetaucht sind und wie man diese schließen kann, ob die wesentlichen Aspekte eines Artefakts im Kontext der Forschungsfrage abgedeckt sind oder ob der Fokus der Analyse neu ausgerichtet werden sollte. Auf methodischer Ebene wiederum ist im Rahmen einer Artefaktanalyse zu prüfen, inwiefern die Vorgangsweise in Hinblick auf die gewonnenen Erkenntnisse adaptiert werden sollte oder inwiefern andere Verfahren einen Beitrag leisten könnten, um die bisherigen Erkenntnisse zu sichern, zu erweitern oder zu präzisieren. Entscheidend ist also eine kritische Reflexion der Interpretation in Hinblick auf Entscheidungen über die weitere Vorgangsweise.

Die soeben genannten Punkte betreffen prozessimmanente Vorkehrungen zur Qualitätssicherung. Darüber hinaus ist jedoch generell anzumerken, dass solche Artefaktanalysen in einen interpretativen Forschungskontext eingebunden sind, der im Forschungsdesign weitere qualitätssichernde Elemente bereithält. Das sind insbesondere (vgl. Froschauer und Lueger 2009, S. 71ff.):

- Ein zirkuläres Forschungsdesign, das forschungsstrategisch darauf angelegt ist, die erreichten Erkenntnisse sowie die methodische Vorgangsweise kritisch zu prüfen und zu erweitern, um dann auf dieser Grundlage fundierte Entscheidungen über die weitere Vorgangsweise zu treffen. Forschungslogisch werden im Zuge dessen verschiedene Schlussverfahren kombiniert (siehe Lueger 2001; Peirce 1991b; Riemer 1988): (a) Die kreative Form abduktiver Schlüsse ermöglicht in einem ersten Schritt innovative Ideen. Aber diese Schlüsse weisen den entscheidenden Nachteil auf, dass sie von einem empirischen Sachverhalt auf die dahinter stehenden Regeln ihres Zustandekommens und den Fallbedingungen schließen, ohne dafür über hinreichende Informationen zu verfügen. Also handelt es sich um waghalsige Schlüsse, die einer intensiven Prüfung bedürfen. (b) Diese wird geleistet, indem man die Folgen der Annahmen in Hinblick auf das zu findende Material im Sinne deduktiver Schlüsse ableitet und definiert, wo dieses gefunden werden könnte. (c) In einem induktiven Schritt werden diese Überlegungen dann kritisch im Untersuchungsbereich analysiert, wobei man erkundet, ob die vermuteten Folgen auch tatsächlich im Feld vorfindbar sind und welche Interpretationen diesen widersprechen könnten. Daraus leitet man ab, inwiefern die ursprüngliche abduktive Schlussfolgerung haltbar ist und welche Modifikationen nötig sind, um diese im nächsten Zyklus wieder zu hinterfragen. Diese Vorgangsweise ermöglicht es, die Erkenntnisse methodisch auszuarbeiten und auf ihre Zuverlässigkeit zu prüfen.

- Die systematische Inklusion von Analysematerialien ist auf diese Weise ein immanenter Bestandteil einer zirkulären Forschungsstrategie, weil auf der Basis der fortschreitenden Erkenntnis ganz im Sinne des theoretischen Samplings die zu analysierenden Materialien ausgewählt werden (siehe Glaser und Strauss 2010). Dabei gelten drei Basisregeln: (a) Materialien (wie weitere Artefakte oder ergänzende Beobachtungen), die ähnliche Erkenntnisse generieren sollten, ermöglichen die Überprüfung des Einzelfalles oder eines Typus in Hinblick auf die Tragfähigkeit der bisherigen Interpretation. (b) Hingegen benötigt man möglichst unterschiedliche Materialien, die im Kontext des Untersuchungsfeldes zu ganz anderen Interpretationen führen würden, um die Reichweite der Erkenntnisse zu bestimmen sowie den gemeinsamen Kern herauszuarbeiten, der einen Typus ausmacht und diesen gegen andere Typen abgrenzt. (c) Theoretische Sättigung ist dann erreicht, wenn mit hoher Wahrscheinlichkeit nicht zu erwarten ist, dass der Einbezug neuer Materialien noch etwas zur Weiterentwicklung der erlangten Erkenntnisse beitragen kann.
- Die systematische Forschungsvariation wiederum hat ihre Stärke in der Erkundung komplexer sozialer Umfelder von Artefakten (Froschauer und Lueger 2009, S. 223ff.; vgl. Flick 2011). Dabei steht vor allem die Variation der Verfahren (verschiedene Verfahren und Herangehensweisen an diese), die Variation der Situiertheit der Artefakte (z.B. Auffindungsorte, Produktions- und Verwendungszusammenhänge, Forschungsperspektiven), die Variation der Akteursperspektiven im Kontext von Artefakten (wer steht wie mit dem Artefakt in Zusammenhang) sowie die Variation des Materials zur Verfügung (z.B. verschiedene Materialformen und/oder Ausprägungen des Artefakts, ergänzende Materialien).

b) Auswahl von Artefakten

In jedem interpretativ orientierten Forschungsprojekt stellt sich die Frage nach dem Einbezug von Material, das in Hinblick auf die Forschungsfrage den größtmöglichen Erkenntnisgewinn verspricht. Die Auswahl der im Zuge einer interpretativen Analyse auszuwählenden Artefakte hängt von mehreren Faktoren ab:

- Die offenkundige Bedeutung für die Forschungsfrage: Dieses Kriterium ist der wichtigste Anlass, sich mit einem Artefakt genauer auseinanderzusetzen. Ausgewählt werden also jene Artefakte, in denen das untersuchte soziale Phänomen am deutlichsten zum Ausdruck kommt oder ohne dem die Aktivitäten im Forschungsbereich nicht verstanden werden können. Im Fall einer Fokussierung der Forschungsarbeit auf Artefakte stellt das ohnehin kein Problem dar. Falls die Artefakte nicht im Zentrum stehen (z.B. im Zuge einer Studie über

Migration oder über Arbeitsbedingungen im Büro), sondern eine wesentliche Komponente der Forschungsthematik oder einen wesentlichen Bezugsrahmen für das Thema im Untersuchungsfeld bilden, ist die Bedeutung für die jeweils interessierenden Teilfragen einer Forschungsarbeit entscheidend.

- Die Bedeutung für das Selbstverständnis des Untersuchungsfeldes: In diesem Fall ist das Kriterium, welche Artefakte die AkteurInnen in einem Untersuchungsbereich als wesentlichen Bezugsrahmen für ihre Aktivitäten betrachten. In einem Modegeschäft wären das nicht nur die Modeartikel, sondern auch die Gestaltung des Ausstellungsraumes oder die Kleidung des Verkaufspersonals, weil beides das mit den angebotenen Artikel verbundene Image transportiert, der Inszenierung des Kaufhandelns für die potentiellen KundInnen dient, vielfach an deren Erwartungen angepasst ist – und diesen vielleicht entspricht oder sie gezielt enttäuscht und Überraschung provoziert. Darüber hinaus gehören dazu auch Artefakte mit symbolischer Bedeutung, die für die AkteurInnen besonders wichtig sind, auch wenn sie möglicherweise keine direkt erkennbaren Funktionen erfüllen (z.b. wichtiges Erbstück, Kleidung als Identitätsmarker, Prestigearchitektur).
- Das Ausmaß der Integration in die Handlungsweisen der AkteurInnen: Viele Artefakte sind in die Praktiken des Untersuchungsbereichs so stark integriert, dass ohne sie konkrete Tätigkeiten in einem bestimmten Bereich nicht möglich wären oder ein Verständnis der Handlungsweisen unvollständig bliebe (z.B. Fahrradfahren, Kochen im Haushalt). Bei der Untersuchung der Arbeitswelt ist das unmittelbar nachvollziehbar, weil häufig der Arbeitsort (etwa ein Büro, ein Fahrzeug) oder die Arbeitsmittel (z.B. Werkzeuge, Maschinen, Computer) die Handlungsabläufe weitgehend mitbestimmen. Die Analyse der Gestaltung der Freizeit wäre möglicherweise auch nur bruchstückhaft, würde man die vielen für die Freizeitgestaltung wesentlichen Gegenstände ausblenden (z.B. Smartphones, Sportgeräte und -bekleidung).
- Die Bedeutung von Artefaktserien: Da viele Artefakte miteinander verkoppelt sind, sodass ihre Bedeutung voneinander isoliert nicht hinreichend erfasst werden kann, sollte man diesen Zusammenhang aufeinander bezogener Artefakte in der Analyse berücksichtigen (z.B. weitere Artefakte im Umfeld von Sportgeräten, die für die Ausübung einer Sportart erforderlich sind; Artefakte, die zum Betrieb anderer Artefakte nötig sind). Hierfür ist zu bestimmen, welche Relevanz den verschiedenen Artefakten in Hinblick auf das Erkenntnisinteresse zukommt und welche davon für ein Verständnis des interessierenden Gesamtzusammenhanges sinnvollerweise interpretiert werden sollten.
- Unterschwellige Bedeutung mit bedingter Aufmerksamkeit: Viele Artefakte finden bei den AkteurInnnen kaum Aufmerksamkeit, wenngleich sie sich durch

4.1 Vorbereitung der Artefaktanalyse

deutliche Bezugsnahmen auszeichnen. Das trifft besonders auf Alltagsgegenstände zu, die gleichsam als Normalinventar ohne große Beachtung registriert werden. So zieht in der Regel das Briefpapier einer Firma nicht unbedingt das Augenmerk auf sich, wenngleich es vielfach einen wichtigen Bestandteil zum Weitertragen der organisationalen Identität bildet.

Um die Komplexität der Artefaktbezüge im Zuge der Interpretation zu berücksichtigen, ist es sinnvoll, die Analyse schrittweise in Hinblick auf verschiedene Analyseebenen durchzuführen. Abb. 1 gibt einen Überblick über die einzelnen Analyseebenen und die damit verbundenen Analysebereiche.

Ebenen der Analyse von Artefakten		
Forschungskontext der Artefaktanalyse	Erkenntnisinteresse Integration in den Forschungsprozess Spezifikation der Artefaktanalyse	
Existenzbedingungen des Artefakts	Existenzgründe Existenzvoraussetzungen	
Deskriptive Analyse	Materialität Innere Struktur Kontextcharakteristik	**Kernbereich der Interpretation**
Alltagskontextuelle Sinneinbettung	Soziale Bedeutungen Involvierte AkteurInnen Situierte Kontextanalyse	
Distanziert-strukturelle Analyse	Produktion Artefaktumgang Wirkungen & Funktionen Szenische & soziale Integration	
Komparative Analysen	Vergleichbare Artefakte Typische Artefaktkontexte Verknüpfung mit weiteren Analyseverfahren	
Zusammenfassung der Artefaktanalyse	(Re-)Konstruktion des Artefaktkontextes in Hinblick auf das Erkenntnisinteresse	

Abbildung 1 Ebenen der Artefaktanalyse (Quelle: eigene Darstellung)

Um die Nachvollziehbarkeit der Vorgangsweise bei der Interpretation zu gewährleisten, erläutern die folgenden Ausführungen die einzelnen Analyseebenen anhand der Fragestellungen, die dabei berücksichtigt werden können. Darüber finden sich für jede Frage Hinweise, welche Aspekte davon betroffen sein könnten. Allerdings ist zu beachten, dass es sich nur um eine verallgemeinerte Annäherung an die jeweiligen Artefakte handelt. Für konkrete Analysen ist folglich das Verfahren zu adaptieren, wobei zu entscheiden ist, welche der Fragestellungen in den Vordergrund rücken und welchen möglicherweise wenig oder keine Relevanz zukommt. Darüber hinaus sind die Ebenen nicht als voneinander isoliert zu betrachten, sondern überschneiden sich teilweise. Es handelt sich daher um ein heuristisches Instrument, um möglichst viele Aspekte eines Artefakts zu berücksichtigen.

So gesehen ist die Artefaktanalyse eine Kunstform, die nicht auf Standardregeln beruhen kann, sondern immer wieder der Modifikation bedarf. Sowohl für die Konkretisierung als auch für die Interpretation braucht es reflexive Erfahrung im Umgang mit der Artefaktanalyse. Da auch die angeführten Fragestellungen nicht ausreichen, um die Bandbreite aller Artefakte angemessen zu berücksichtigen, finden sich im Kapitel 5 einige Hinweise auf nähere Charakterisierungen von sehr unterschiedlichen Gruppen von Artefakten, um zumindest eine grobe Vorstellung von der Adaption des Verfahrens in Hinblick auf die jeweiligen Artefaktbesonderheiten zu geben.

4.2 Ebene: Kontext der Artefaktanalyse

Artefaktanalysen können in empirischen Analysen höchst unterschiedliche Funktionen erfüllen (z.B. Burzan 2016). Das reicht von einer zentralen Positionierung bis hin zu einer ergänzenden Analyse eines Artefakts, das sich im Zuge der Forschung als relevant herausgestellt hat oder fokussiert den materiellen Kontext eines interessierenden Phänomens. Aus diesem Grund sind zwei Fragen abzuklären, nämlich zu welchen Zwecken eine Artefaktanalyse im Forschungsprozess eingesetzt werden kann und welchen Beitrag sie zur Klärung eines Forschungsthemas leisten soll. Dazu zählt auch, wie sie in den Gesamtzusammenhang einer Forschung eingebunden werden kann und wie die konkrete Analyse auf den Forschungszusammenhang und auf die jeweiligen Artefaktcharakteristika abgestimmt werden muss.

a)   Erkenntnisinteresse
Als erster Einstieg in die Artefaktanalyse ist es immer sinnvoll, deren mögliche empirisch ertragreiche Verortung im Forschungsprozess in Hinblick auf das Erkenntnisinteresse abzuwägen. Dabei ist zu prüfen, welche Bereiche eines For-

4.2 Ebene: Kontext der Artefaktanalyse

schungsthemas oder einer Fragestellung mittels Analyse eines Artefakts geklärt werden könnten. Mitunter könnte es sich als hilfreich erweisen, das Artefakt im Forschungsprozess herstellen zu lassen oder auch selbst herzustellen, um spezifische Erkenntnisse und Erfahrungen zum Artefakt zu generieren.

Exemplarische Fragen zum Erkenntnisinteresse:

Welche Rolle spielen Artefakte im Untersuchungsfeld?	… Erkundung vorhandener Artefakte; Bedeutung dieser Artefakte im Forschungsfeld …
Inwiefern kann die Artefaktanalyse für die Forschungsarbeit einen Beitrag leisten und welche Fragen könnten dabei beantwortet werden?	… Relevanz der Artefakte für die Bearbeitung des Forschungsthemas; ergänzende Analysen zu anderen Forschungsverfahren …
Welche konkreten Artefakte könnten für die Bearbeitung des Forschungsthemas berücksichtigt werden?	… Prüfung der Art der Verfügbarkeit für die Analyse (physische Präsenz oder Abbilder; Außensicht oder Einblick in das Innenleben – etwa bei Maschinen); was sind vergleichbare Artefakte oder verbundene Artefakte …
Sollte im Erhebungskontext durch die AkteurInnen ein Artefakt hergestellt werden?	… Begründung der Artefaktherstellung im Forschungsprozess (z.B. für die Analyse eines Herstellungsprozesses) …

b)   Integration in den Forschungsprozess
Im nächsten Schritt ist zu klären, wie die Artefaktanalyse in den Forschungskontext integriert werden kann und welchen Stellenwert sie im Gesamtzusammenhang der Forschung einnimmt. Im Zuge dessen ist zu entscheiden, ob im Rahmen des Forschungsthemas ausschließlich mit Artefaktanalyse gearbeitet werden kann oder ob sie aufgrund des Forschungsthemas mit anderen Methoden wie Beobachtung oder Interviews kombiniert werden sollte (und eventuell eine Ergänzung zu anderen Verfahren im Rahmen der Forschungsvariation darstellt; siehe Kap. 6). Im Fall der Kombination mit anderen Methoden wäre zu überlegen, zu welchem Zeitpunkt es sinnvoll ist, eine Artefaktanalyse durchzuführen. Dient die Artefaktanalyse der Orientierung im Forschungsfeld, dann wird sie am Beginn eines Forschungsprojektes durchgeführt; sollte sie Forschungsergebnisse ergänzen bzw. vertiefen, dann wird sie je nach Bedarf im Forschungsprozess positioniert.

Exemplarische Fragen zur Integration in den Forschungsprozess:

Welche Kriterien waren für die Auswahl des Artefakts entscheidend?	... Offenlegung der Auswahlkriterien: forschungsstrategische Überlegungen, Empfehlung durch Mitglieder im Forschungsfeld, spezifische Bedeutung im Forschungsfeld ...
Für welche Bereiche der Forschung ist das fokussierte Artefakt von Relevanz?	... Bedeutung der Sammlung bzw. Generierung von Artefakten (ev. natürliches bzw. künstliches Vorkommen im Forschungsbereich); Exploration oder Inspektion; typisches oder außergewöhnliches Artefakt; Wahrnehmung, Handeln, Rahmenbedingung im Feld ...
Welche verfahrenstechnische Möglichkeiten bieten sich ergänzend für die Artefaktanalyse an?	... Textanalysen, sofern Texte in das Artefakt integriert sind; Beobachtungen (z.B. Herstellung oder Umgang mit dem Artefakt); Gespräche mit NutzerInnen, ProduzentInnen etc. (Erkundung verschiedener mit dem Artefakt verbundener Vorstellungen); Strukturdatenanalysen (Kontextualisierung des Artefakts) – siehe auch Kap. 6 ...
Welche Rollenperspektiven bieten sich für die Analyse an?	... neutrale Beobachtung; potentielle AdressatInnen, ProduzentIn oder AnwenderIn (Perspektivenvariation in Hinblick auf die Analyse) ...

c) Spezifikation der Artefaktanalyse

Artefaktanalysen müssen an die konkreten Eigenschaften des jeweils untersuchten Artefakts sowie an das Erkenntnisinteresse angepasst werden. So macht es wenig Sinn, alle Ebenen und die entsprechenden Analysedimensionen gleichmäßig abzuarbeiten: Für die Analyse eines Seminarraumes in Hinblick auf die Effekte für Lehren und Lernen sind möglicherweise die genauen Bedingungen für den Bau solcher Räume weniger wichtig als die Innenausstattung oder die räumliche Binnendifferenzierung. Dennoch macht es einen Unterschied, ob Seminarräume mit industriellen Fertigteilen nach kostengünstigen Baustandards errichtet werden und somit spezifischen Restriktionen in Hinblick auf die Raumgestaltung unterliegen und möglicherweise unzureichende akustische Eigenschaften, eine unzureichende Belüftung, eine belastende Beleuchtungssituation oder gar eine hohe Schadstoffbelastung aufgrund der verwendeten Materialien aufweisen. Insofern sollte die Spezifikation des Interpretationsverfahrens mit großer Umsicht vorgenommen werden, um nicht relevante Aspekte bereits im Vorfeld auszublenden. In Hinblick auf die Verfahrensmodifikationen sei auch auf das Folgekapitel 5 verwiesen, das einige Besonderheiten von zwei- und dreidimensionalen Artefakten herausarbeitet.

Exemplarische Fragen zur Spezifikation der Artefaktanalyse:

Welche Aspekte des untersuchten Artefakts sind für die Analyse besonders relevant?	… relevante Dimensionen in Hinblick auf die Forschungsfrage; Relevanz von Teilen eines komplexen Artefakts …
Welche Ebenen und welche konkreten Fragestellungen sind aufgrund des Artefakts in Hinblick auf die Fragestellung zu berücksichtigen?	… Konkretisierung der Vorgangsweise; Spezifizierung der konkreten Fragestellungen für die Interpretation …

4.3 Ebene: Existenzbedingungen des Artefakts

In diesem einleitenden Schritt zur konkreten Analyse des Artefakts stellt sich die Frage, warum ein Artefakt überhaupt in die Welt gesetzt wurde und welche Voraussetzungen gegeben sein müssen, damit ein Artefakt existieren kann. Mit dieser Ebene wird ein erster Schritt in die Exploration des Artefaktkontextes vorgenommen, welche wesentlich für die sinnvolle Verankerung des Artefakts in einem lebensweltlichen Kontext ist, ohne dessen Besonderheiten genauer zu berücksichtigen.

a) Existenzgründe

Artefakte werden nicht zufällig in die Welt gesetzt. Egal ob die Herstellung unbewusst (z.B. Spuren), bewusst (z.B. Gartenzaun) oder im Zuge der Erhebung im Forschungskontext erfolgte: Es gibt immer gute Gründe, warum sie produziert werden bzw. wurden. In dieser ersten Phase stellt sich also die zentrale Frage jeder Artefaktanalyse, nämlich warum es das Artefakt in einem bestimmten Auffindungskontext überhaupt gibt.

Exemplarische Fragen zu den Existenzgründen des Artefakts:

Wie kommt es, dass es das Artefakt überhaupt gibt?	... bewusste oder unbewusste Gründe; Interessen und Intentionen für die Herstellung (z.B. anhand der Frage, worauf das Artefakt eine Antwort/Lösung sein könnte) ...
Welche historische Entwicklung ist mit dem Artefakt verbunden?	... historische Einbettung; Veränderungen des Artefakts bzw. des Kontextes; Verschiebung in der Bedeutung des Artefakts ...
In welchen Kontexten der sozialen Welt lässt sich das Artefakt typischerweise auffinden?	... physischer und sozialer Kontext; Besonderheiten dieser Kontexte ...
Wie ist das Artefakt sinnvoll in einen Lebenszusammenhang eingebunden?	... Funktionen des Artefakts im fokussierten Lebenszusammenhang; allgemeiner Produktions- bzw. Verwendungszusammenhang; Integration in Zeitstrukturen; Einbettung in Sinnbezirke ...

b) Existenzvoraussetzungen

Viele Artefakte existieren nicht voraussetzungslos. Deshalb ist zu erkunden, was alles benötigt wird, damit ein Artefakt überhaupt erzeugt und gehandhabt werden kann. Diese Kontextanalyse des Artefakts thematisiert sowohl andere Artefakte als auch Eigenschaften von AkteurInnen, die für die Herstellung und den mehr oder weniger kompetenten Umgang damit erforderlich sind. Spuren setzen zumindest ein Medium voraus, in dem sie sich manifestieren können sowie etwas, was sie hinterlassen hat. Computer können nur existieren, weil ein beachtlicher Umfang an technischem, chemischem, physikalischem oder mathematischem Wissen verfügbar ist, weil wir Elektrizität verfügbar haben (Batterien oder Stromnetze) und dafür die Infrastruktur existiert (also ein global operierendes Wirtschaftssystem). Darüber hinaus brauchen wir entsprechende Kompetenzen, um den Computer und seine Programme über Eingabesysteme angemessen bedienen zu können.

Exemplarische Fragen zu den Existenzvoraussetzungen:

Welche Materialien werden benötigt, um ein Artefakt herzustellen?	… sachliche Voraussetzungen; Rohstoffe; Betriebsmaterialien …
Welche Handlungen und Kompetenzen sind mit der Artefaktherstellung oder der Erzeugung von Spuren verbunden?	… Wissen; Ausbildung; Fertigkeiten; Handlungen …
Welche anderen Artefakte setzt die Existenz eines Artefakts voraus?	… Artefaktnetzwerke bzw. die Verkoppelung von Artefakten; Vorlaufprodukte; Produkte für den Betrieb (z.B. Wartungsmaterialien); Gegenstände, die Spuren hinterlassen …
Welchen Kontext benötigt ein Artefakt zu seinem sinnvollen Gebrauch?	… Ausbildungssysteme; allgemein: soziale und physische Infrastruktur …

4.4 Ebene: Deskriptive Analyse

Das Ziel der deskriptiven Analyse besteht in der Verortung des untersuchten Gegenstandes in der sozialen Welt und bildet eine erste Rekonstruktion des Artefakts anhand seiner äußeren Merkmale. Dabei spielen die Materialität, die innere Struktur sowie die typischen Charakteristika des Artefakts eine große Rolle. Diese Deskription ist bereits ein erster Zugang zur (Re-)Konstruktion der Besonderheiten und erstreckt sich ein Stück weit auf die Bedeutung eines Artefakts. Die Analyse konzentriert sich darauf, was der untersuchte Gegenstand materialisiert und welche Eigenschaften dafür kennzeichnend sind. Dementsprechend fungiert diese Interpretation als Einstieg in die weiteren Analyseebenen, in welchen etwa die Symbolik der Materialität oder die Folgen bestimmter Charakteristika für die Produktion eine Rolle spielen (z.b. das Material oder die Fertigungspräzision).

a)   Materialität von Artefakten
Die erste Deskription konzentriert sich auf die Materialität des Artefakts, also woraus es besteht, welche Sinneserfahrungen sich damit verbinden und was das für das jeweilige Artefakt bedeutet. So stellt sich etwa die Frage, aus welchem Material ein (Ehe)Ring besteht, aus welchem Stoff ein Kleidungsstück hergestellt wurde oder welches Baumaterial für ein Gebäude verwendet wurde. Damit hängen vorerst sinnliche Erfahrungen zusammen: etwa das äußere Erscheinungsbild, das bei vielen Gegenständen des Alltags eine Schlüsselrolle spielt (z.B. Gebäude, Mode, Einrichtungsgegenstände, Verkehrstafeln, Straßenkonstruktion), die Haptik welche im Gebrauch nicht unerheblich ist (z.B. die Grifffestigkeit bei Sportgerä-

ten, die haptische Anmutung eines Smartphones, die Oberflächen von Möbeln), die Akustik, welche bestimmte Eigenschaften eines Gegenstandes verrät (das ist bei Lautsprechern offenkundig, spielt aber auch bei Autotüren, bei Trinkgläsern oder auch bei Baustoffen eine Rolle), der Geruch, der häufig die Attraktivität oder die Atmosphäre beeinflussen soll (z.B. Parfums; aber auch die olfaktorische Erlebnisqualität von Fahrzeugen, Wohnungen oder geweihten Räumen), sowie der Geschmack, der bei Lebensmitteln eine besonders auffällige Rolle spielt. Aber es sind auch die Eigenschaften, die aus der Materialität resultieren, wie etwa die Festigkeit eines Werkzeugs, die Schutzfunktion einer Arbeitskleidung oder die Leichtigkeit einer trotzdem hochstabilen Konstruktion.

Exemplarische Fragen zur Materialität:

Woraus besteht allgemein das Artefakt?	... verwendete Materialien und stoffliche Eigenschaften ...
Welche sensorischen Eigenschaften weist das Artefakt auf?	... sensorische Erfahrungen (Geschmack, Geruch, taktiles Empfinden, Akustik, Aussehen); Besonderheiten der Oberfläche wie Festigkeit, Farbe, Konsistenz ...
Welche Materialeigenschaften sind für das Artefakt besonders bedeutsam und welche Funktionen könnten sie erfüllen?	... Herstellung (z.B. Konstruktionserfordernisse); Gebrauch (z.B. Bequemlichkeit, Festigkeit); Entsorgung (z.B. Recyclierbarkeit, Kompostierbarkeit, Giftigkeit); Bestandsdauer; Materialassoziationen (z.B. Wert von Edelsteinen, Einordnung als Müll) ...

b)   Innere Struktur

In dieser Erweiterung wird die Abgrenzung des Artefakts sowie die interne Differenzierung genauer untersucht, was erste Aufschlüsse über die Bedeutung bestimmter Konstruktionsmerkmale erlaubt. Dabei ist nicht nur auf die Anhäufung der Elemente, sondern ebenso auf die Beziehung zwischen den einzelnen Elementen zu achten, weil diese die Herstellung (z.B. Normierung der Einzelelemente im Rahmen industrieller Fertigung) oder die Gebrauchsformen (z.B. verschiedene funktionale Elemente eines technischen Geräts) nachhaltig beeinflusst.

4.4 Ebene: Deskriptive Analyse

Exemplarische Fragen zur inneren Struktur:

Aus welchen Komponenten setzt sich das Artefakt zusammen?	... Zugehörigkeiten und Grenzen; Dekonstruktion des Artefakts; Kriterien der Differenz verschiedener Bestandteile ...
Wie lassen sich die einzelnen Elemente charakterisieren?	... Charakterisierung und Funktionen der Teile; Unterschiede und Gemeinsamkeiten ...
In welchem Zusammenhang stehen die verschiedenen Elemente?	... Haupt- und Nebenelemente; Vorder- und Hintergrund; Zentrum und Peripherie; soziale, funktionale, zeitliche oder ästhetische Beziehungen ...
Warum setzt sich dieses Artefakt aus diesen Komponenten zusammen und wofür stehen die Komponenten im Allgemeinen?	... plausible Gründe für diese Zusammensetzung und Unklarheiten bzw. Widersprüche dabei; Bedeutung der Komponenten für das Artefakt ...
Welche Bedeutung haben auffällige Diskrepanzen zwischen einzelnen Komponenten?	... z.B. für die Verwendungszusammenhänge, die beteiligen AkteurInnen, die Erscheinungsform des Artefakts ...

c)   Kontextcharakteristik:
Letztlich geht es darum, die verschiedenen Komponenten in ihrem Kontext zu betrachten. Viele Artefakte existieren nicht isoliert von anderen Artefakten oder isoliert von spezifischen Umweltbedingungen. Dazu zählen insbesondere Vorlaufprodukte oder Artefakte, die zur Herstellung erforderlich sind (z.B. Chemikalien, bestimmte Materialien) aber auch soziale (z.B. in einem therapeutischen Kontext) oder zeitliche Kontexte (z.B. eine Produktionskette). Daher ist es wichtig, diese Einbettung zu analysieren, weil sie einen ersten Zugang zur gesellschaftlichen Bedeutung eines Artefakts sowie den entsprechenden Sinnbezirken bildet.

Exemplarische Fragen zur Kontextcharakteristik:

Welche Bedeutung hat der physische Kontext des Artefakts?	... physische Einbettung des Artefakts; typische oder künstliche Umgebung eines Artefakts ...
Welche Bedeutung hat der soziale Kontext des Artefakts?	... AkteurInnen, die mit dem Artefakt in Berührung kommen; Aktivitäten, für die das Artefakt im Normalfall einen integralen Bestandteil bildet ...
Welche Bedeutung hat der zeitliche Kontext des Artefakts?	... zeitliche Verknüpfung mit anderen Artefakten (z.B. in Produktionsabläufen, im Gebrauchszusammenhang) ...

4.5 Ebene: Alltagskontextuelle Sinneinbettung

Der nächste Schritt befasst sich mit der Bedeutung von Artefakten in alltäglichen Lebenszusammenhängen und ist jener Aspekt, der nun in den Bereich des typisierten sozialen Sinnes vordringt. Dafür versetzt man sich in die Rolle der alltagskompetenten Beobachtung und stellt die Frage, was ein Artefakt auch losgelöst vom Kontext an Bedeutungsassoziationen auslöst. Das aktiviert alltagstaugliche Wissensvorräte über das Artefakt in seiner Form und in seinem verallgemeinerten Auftreten, ohne dessen Besonderheiten genauer zu hinterfragen. In der Folge wird dieser Zugang schrittweise erweitert, indem man die Kulturzusammenhänge eines Gegenstandes einbezieht. Im Zuge dessen bietet sich an, verschiedene Akteursperspektiven in Konfrontation mit dem Artefakt einzunehmen, um eine erste Vorstellung über die Bedeutungsvielfalt zu erlangen. Darüber hinaus sind mit Artefakten häufig Erwartungen verbunden, die in ihrem Gebrauch oder in ihrer Symbolik zum Ausdruck kommen. Letztlich führt diese Analyse zu einer genaueren Analyse der Sinnintegration im Artefaktkontext auf der Basis der deskriptiven Analyse, wobei nunmehr der spezifische Auffindungskontext und das situative Setting Berücksichtigung finden.

a) Soziale Bedeutungen

Um die Einbindung in soziale Sinnstrukturen vorzubereiten, ist eine erste Bedeutungsanalyse sinnvoll. Hier geht es darum, die verschiedenen Zuschreibungen zu erkunden, die mit einem Artefakt verbunden sind, wofür sich zwei verschiedene Richtungen anbieten: zum einen jene, die von alltagskompetenten BeobachterInnen an das Artefakt herangetragen werden und somit auch ihre Auffassung über ihre Relevanz und damit ihre Berücksichtigung im Alltag formen; zum anderen jene, die von den Artefakten ausgeht und den AkteurInnen signalisiert, was sie berücksichtigen sollten, was auf Folgen für potentiell angesprochene AkteurInnen deutet. Insofern verbinden sich mit Artefakten unterschiedliche Erwartungen, die zwischen AkteurInnen, die Botschaften diffundieren lassen wollen, und mehr oder weniger gezielt angesprochene AdressatInnen differenzieren.

4.5 Ebene: Alltagskontextuelle Sinneinbettung

Exemplarische Fragen zu sozialen Bedeutungen:

Mit welchem Begriff ist das Artefakt versehen und welche Bedeutungen sind damit verbunden?	… Bestimmung der verallgemeinerten Bedeutung eines Artefakts (worum handelt es sich bei einem Artefakt im Verständnis der AkteurInnen); Kriterien der Zuordnung eines Artefakts zu bestimmten Benennungen; welche Bedeutung hat eine bestimmte begriffliche Zuordnung …
Welche über den abstrakten Begriff hinausgehenden Bedeutungen könnten dem Artefakt im Alltag zugeschrieben werden?	… extensive Erkundung von Bedeutungsvariationen des dem Artefakt zugrunde gelegten Begriffs; ökonomische, handlungspraktische oder andere Bedeutungen; symbolische Bedeutungen (z.B. Reliquien, Staatswappen) …
Welche Signale könnten vom Artefakt an mögliche AdressatInnen ausgehen und inwiefern unterscheiden sich dabei Gruppen von AdressatInnen?	… Erwartungen, die vom Artefakt ausgehen könnten; direkt oder indirekt angesprochene AdressatInnen; mögliche Bedeutung für die Organisierung der Wahrnehmung oder von Handlungen; im Alltag verankerte Signale (wie Sprachbotschaften oder allgemein verständliche Symbolik) …
Ist das Artefakt mit emotionalen und sinnlichen Qualitäten verbunden?	… symbolische soziale Bedeutungen (z.B. religiöse, Trauer, Freude); Bedeutung der mit dem Artefakt verbundenen sinnlichen Erfahrung; kulturelle Bezüge in Hinblick auf die Art der Artefaktwahrnehmung und Bedeutungszuschreibung …

b) Involvierte AkteurInnen

Bedeutungen variieren in der Regel je nach Sinnbezirk, in dem die Artefakte auftauchen. In der Regel korrespondieren diese Bedeutungen mit verschiedenen Aktivitäten oder lebensweltlichen Zusammenhängen, die AkteurInnen mit einem Artefakt verbinden. So ist ein Kunstwerk für einen Sammler möglicherweise eine Wertanlage, für ein Museum ein für potentielle BesucherInnen attraktives Ausstellungsstück, für die Kunstwelt die Manifestation eines Stils oder der einzigartigen Fertigkeit eines Künstlers oder einer Künstlerin oder ein unschätzbarer Beitrag zum Verständnis einer Epoche. Was für Laien nur ein unscheinbares Gekritzel ist, mag für andere einen Wendepunkt in der Stilrichtung markieren. Das gilt sinngemäß für die Herstellung, verschiedenen Handhabungsweisen oder allgemein für die spezifische Art, in der AkteurInnen mit einem Artefakt in einem spezifischen Sinnkontext konfrontiert sind.

Exemplarische Fragen zu den involvierten AkteurInnen:

Welche Akteursgruppen haben mit dem Artefakt zu tun?	... verschiedene AkteurInnen und Charakterisierung des spezifischen Zugangs dieser Akteursgruppen; Art der Betroffenheit; mögliche Erzählungen über die Artefakte in diesen Gruppen ...
Wie könnten die Akteursgruppen ihre Beziehung zum Artefakt betrachten?	... Bedeutung von Nähe und Distanz; Art der Beziehung; Bedeutung für die Beziehungsgestaltung zwischen Akteursgruppen ...
Wie unterscheiden sich mögliche Bedeutungszuschreibungen der verschiedenen Akteursgruppen?	... Bestimmung der verschiedenen Bedeutungen für die einzelnen Akteursgruppen; Kriterien, die solche Bedeutungsdifferenzen begründen ...
Welche Intentionen könnten Akteursgruppen mit dem Artefakt (bzw. seinen Elementen) verbinden?	... mit dem Artefakt potentiell verfolgte Interessen; Gründe für unterschiedliche Interessen; mögliche Funktion als Reaktionsauslöser ...

c)   *Situierte Kontextanalyse*
Während im Zuge der deskriptiven Analyse der Kontextcharakteristik die allgemeinen und generalisierten Bedeutungen erkundet wurden, zentriert dieser Schritt die Analyse in Hinblick auf das konkrete Umfeld und die Situierung des Artefakts. Nunmehr wird untersucht, welche Bedeutung dieser Kontext für die Besonderheiten der Orientierung der AkteurInnen in der Auseinandersetzung mit diesen hat.

Exemplarische Fragen zur situierten Kontextanalyse:

Inwiefern gehört das Artefakt zur Alltagsnormalität oder zur außeralltäglichen Erscheinung?	… Bedingungen, unter denen ein Artefakt als typischer Bestandteil eines Milieus oder einer Lebenswelt gilt; Aspekte, die das Vorfinden eines Artefakts als ungewöhnlich erscheinen lassen; Abweichungen zur Normalität …
In welchen Situationen taucht das Artefakt auf?	… situative Besonderheiten des Artefakts in Hinblick auf Orte, Zeiten, soziale Umstände, Ereignisse oder Prozesse …
Wie lässt sich der offenkundig relevante Kontext des Artefakts einschätzen?	… Elemente des Artefaktkontextes und Besonderheiten desselben; Ortsbedeutung; materiale Verbindungen; soziale Einbettung; Differenzierung des Kontextes nach Relevanz …
In welchen Kontexten könnte das Artefakt ebenfalls auftreten und was macht den Unterschied zum untersuchten Artefakt aus?	… Unterschiede und Ähnlichkeiten zu alternativen Auftretenskontexten in Hinblick auf die Artefakteigenschaften und die Situiertheit …
Welche Bedeutung spielt die Sinnlichkeit oder emotionale Qualität eines Artefakts für die Situationsdefinition?	… Regulierung von Situationen und Handlungen auf Grundlage der Artefaktbedeutung (z.B. Besuch heiliger Stätten, oder Artefakte zur Liebesbezeugung); Bedeutung für die Beziehungsgestaltung …

4.6 Ebene: Distanziert-strukturelle Analyse

Diese Ebene verbreitet die bisherige Analyse, indem sie sich zunehmend von der Materialität und den konkreten Bedeutungszuweisungen entfernt und sie in einem sozialen Kontext von Praktiken und makrostrukturellen Bezügen verankert. Insofern setzt diese Analyse fort, was bereits in der zweiten Interpretationsebene in Zusammenhang mit der Untersuchung der Kontextcharakteristik (siehe Abschnitt 4.4) begonnen wurde und intensiviert den gesellschaftlichen Bezug. Diese Interpretation führt in mehrere Richtungen: die genauere Betrachtung der Herstellung eines Artefakts, welche die dafür erforderlichen Voraussetzungen prüft; die Funktionen und Wirkungen, die mit einem Artefakt verbunden sind; die Praktiken, die sich im Umfeld und in Auseinandersetzung mit einem Artefakt entwickeln; die Integration in die Inszenierung sozialer Beziehungen. In diesem Sinne adressiert dieser Interpretationsschritt einige der Kernfragen der Artefaktanalyse. So gesehen besteht eine Gefängniszelle nicht unabhängig von gesellschaftlichen Voraussetzungen zur Systematisierung und Legitimierung von Freiheitsbeschränkungen, wobei eine solche Zelle Wirkungen sowohl auf die Insassen, das Personal einer Haftanstalt, aber auch auf die Bevölkerung im Umfeld ausübt und so die alltäglichen Praktiken jener formiert, die damit zu tun haben. Auf gesellschaftlicher Ebene fungiert ein solcher Raum als eine spezifische Form der Inszenierung des Rechtssystems. Eine Waschmaschine im Haushalt ist nur denkbar, wenn etwa die dafür erforderliche Energie zum Betrieb, Maschinenbaukompetenzen zur Anfertigung von Konstruktionsplänen und deren Umsetzung vorhanden sind; und sie verändert nachhaltig die Haushaltsarbeit, braucht aber zum Betrieb Waschmittel, das möglichst schonend die Wäsche behandeln soll.

So gesehen betrachtet dieser Interpretationsschritt die Auswirkungen der untersuchten Artefakte auf das Handeln von und die Beziehungen zwischen den involvierten Menschen. Hier geht es darum, aufzuzeigen, welche strukturellen Veränderungen durch die Existenz des Artefakts beobachtbar sind: Beispielsweise verändern Computer und damit einhergehend die Digitalisierung und Verfügbarmachung von Wissen im Internet (z.B. Server, Suchmaschinen, Software) das wissenschaftliche Arbeiten. Damit steht den einzelnen WissenschaftlerInnen eine kaum bewältigbare Fülle an mehr oder weniger systematisierten und geprüften Informationen zur Verfügung und es bedarf bestimmter Entscheidungskompetenzen, damit sie sich handlungsfähig halten (Reduktion von Komplexität). Auch kann die hochgradige Automatisierung in der Produktion dazu führen, dass die Zahl der Arbeitsplätze für Menschen mit geringer Ausbildung reduziert wird, aber auch dazu, dass die Konkurrenzfähigkeit am Markt gestärkt wird und aufgrund der Expansion der Produktion neue Arbeitsplätze generiert werden. So gesehen ist die längerfristige Entwicklung von Artefakten in diesem Bereich eine wesentliche Komponente wirtschaftlicher Entwicklung.

Zu diesen Untersuchungen gehören auch Überlegungen, was Artefakte und deren Entwicklung so attraktiv (oder auch unattraktiv) macht, sodass Menschen sie verwenden oder systematisch ignorieren, sie verändern oder wie das Artefakt in den gesellschaftlichen Alltag und bestimmte Sinnbezirke integriert ist. Artefakte können etwa verwendet werden, um etwas Bestimmtes zu ermöglichen oder zu verunmöglichen oder weil die Verwendung von ihnen verlangt wird (Rekonstruktion von Um-zu- und Weil-Motiven). Viel von unserem alltäglichem Komfort und unseren alltäglichen Routinen verdanken wir Artefakten, auch wenn wir das mitunter gar nicht bemerken. In diesem strukturierten Umfeld ist es wichtig, jene Regeln herausarbeiten, die sich im Zusammenhang mit dem Artefakt etablieren.

4.6 Ebene: Distanziert-strukturelle Analyse

a) *Produktion*
Per Definition müssen alle Artefakte durch menschliche Eingriffe entstanden sein. Aber genau diese Herstellung liefert eine Vielfalt an Informationen über ein spezifisches Umfeld des Artefakts und häufig darüber hinaus über gesellschaftliche Konstellationen, die zum einen die Voraussetzungen ihrer Herstellung bieten, andererseits zur Herstellung eines Artefakts motivieren. Gerade komplex aufgebaute Artefakte sind oft von einzelnen Personen nicht herstellbar – zumindest nicht in allen Komponenten. Es braucht dafür andere Artefakte, spezifische Kooperationsvoraussetzungen, eine Vielfalt an Spezialisierungen und somit eine Reihe anspruchsvoller gesellschaftlicher Rahmenbedingungen, damit sie in Existenz gebracht werden können. Für den Herstellungszusammenhang ist daher wichtig zu erkunden, welche Interessen damit verbunden sind, welche Voraussetzungen erfüllt sein müssen, wie der konkrete Produktionsrahmen aussieht und welche Aktivitäten dabei anfallen.

Exemplarische Fragen zur Produktion:

Welche Voraussetzungen erfordert die Artefaktherstellung?	... unterschiedliche Kompetenzen (z.B. handwerkliche Fertigkeiten, Materialwissen, Koordinationsfähigkeit); Rohstoffe; gesellschaftliche Voraussetzungen (z.b. Handelsbeziehungen, Infrastruktur, Werkzeuge, Lieferketten); erforderliches Wissen (z.b. Wissenschaften, Ausbildung); Organisiertheit der Herstellung (z.b. Industriebetriebe, Handwerksbetriebe, private Zusammenschlüsse); Standardisierung; wirtschaftliche Rahmenbedingungen ...
Wer hat welche mit der Herstellung verbundene Interessen?	... Interesse an der Herstellung (z.b. Profitinteressen, Prestige, Kompetenznachweis); Interesse an den Produkten (z.b. von KundInnen oder VerwenderInnen); Botschaften für verschiedene AdressatInnengruppen ...
Wie lässt sich der Herstellungskontext charakterisieren?	... Zufälligkeit oder Intendiertheit der Herstellung (z.b. Spuren, Werkzeug); Organisierung der Herstellung (z.b. komplexe Artefakte oder Fertigung durch Einzelperson); Grad der Institutionalisierung der Herstellung; quantitative Charakteristika (z.B. Einzelfertigung oder Massenproduktion); Produktionsverhältnisse (z.b. Lohnarbeit, Freiwilligenarbeit) ...
Welche Anforderungen werden an die Herstellung herangetragen?	... Materialien (z.b. konstruktive Stabilität, Verarbeitbarkeit im Produktionsprozess); Präzision (z.b. Kunstfertigkeit; Fertigungstoleranzen); Herstellungsbedingungen (z.b. ökonomischer Aufwand, technische oder personelle Anforderungen) ...
Wie wird das Artefakt produziert?	... Tätigkeiten im Zuge der Herstellung; Produktionszusammenhang mit anderen Artefakten; zeitlicher Ablauf und Koordinationserfordernisse; Phasen der Herstellung; erforderliche AkteurInnen in der Herstellung und deren Stellung im Produktionsprozess; zeitliche, technische, ökonomische und soziale Ressourcen ...

4.6 Ebene: Distanziert-strukturelle Analyse

b) Artefaktumgang
Schon die Existenz eines Artefakts zeigt an, dass irgendwer einen Anlass für die Existenz eines Artefakts gesetzt hat. Solche Artefakte kann man in der Folge ignorieren (wie meist Spuren im Schnee), man kann versuchen, sie verschwinden zu lassen (z.b. Spuren, die man nicht zurücklassen möchte, um irgendwem Hinweise auf bestimmte Aktivitäten zu geben), man kann sie aber auch systematisch verwenden (z.b. als hilfreiche Tatspuren) oder als Demonstrationsobjekt heranziehen (z.b. um die Vergänglichkeit von Schneespuren zu verdeutlichen). So gesehen ist der Umgang mit einem Artefakt weder selbstverständlich noch immer vorgegeben, wenngleich es möglicherweise präferierte Umgangsformen innerhalb bestimmter Sinnbezirke gibt (z.B. Spuren als Tatspuren für KriminalistInnen; Spuren als Demonstrationsobjekte oder Ausbildungsinstrumente; Spuren als zu vermeidende oder möglichst spurlos zu beseitigende Manifestationen von Handlungsweisen im Zuge eines Verbrechens oder im Zuge der Reparatur einer beschädigten Autokarosserie). Dabei ergeben sich vielfach spezifische Verwendungszusammenhänge oder auch Motivlagen, die durchaus erzwungen sein können (z.B. Tür, Standort einer Brücke). Gerade diese spezifischen Folgen für die Strukturierung der Umgangsformen geben Hinweise auf Herrschaftsverhältnisse oder soziale Beziehungen, die sich in den Bedingungen für die Verfügung über Artefakte manifestieren oder aus der spezifischen Art der Ausgeliefertheit an Artefakte als zwingender Rahmen resultieren. Darüber hinaus ist zu beachten, dass sich nicht nur die Handhabung eines Artefakts, sondern das Artefakt selbst im Laufe des Gebrauchs ändern kann.

Exemplarische Fragen zum Artefaktumgang:

In welchen Verwendungszusammenhängen steht das Artefakt?	… Akteursgruppen, die mit dem Artefakt konfrontiert sind; unterschiedliche Formen der Konfrontation und der Beachtung; Gründe für den spezifischen Umgang; Privatheit und Öffentlichkeit …
Welche Motive verbinden sich mit dem Artefaktumgang?	… Um-zu-Motive zur Bewältigung spezifischer Anforderungen mit dem Artefakt; Weil-Motive als nachträgliche Legitimation des Artefaktumgangs; Formen intrinsischer oder extrinsischer Motivation (z.B. Ausmaß der Freiwilligkeit oder Verpflichtung zum Umgang); mit dem Artefaktgebrauch verbundene Ziele …
Wer verfügt in welcher Form über das Artefakt?	… Besitzverhältnisse; mit dem Artefakt verknüpfte Machtbeziehungen oder Herrschaftsverhältnisse; Zugänglichkeit (z.B. Inklusion und Exklusion in der Verfügungsgewalt); Gründe für die Verfügung über ein Artefakt (z.B. Erwerb, eigene Herstellung, Verpflichtung zum Gebrauch) …
Wie gehen die mit dem Artefakt konfrontierten Personen mit dem Artefakt um?	… spezifische Aktivitäten im Umgang mit dem Artefakt; Ausgeliefertheit an ein Artefakt und die Form dieses Ausgeliefertseins (z.B. Türen, Zwangseinrichtungen); Entwicklung von Handlungsstrategien im Kontext einer unvermeidlichen Konfrontation mit dem Artefakt …
Was passiert, wenn AkteurInnen das Artefakt auf eine andere als die erwartete Weise behandeln?	… Folgen für die AkteurInnen und die Betroffenen; Sanktionsmöglichkeiten (z.B. welche von wem an wen adressiert und auf welcher Grundlage); Reaktionsformen von anderen; Folgen für das Artefakt (z.B. im Zusammenhang mit Wartung) …
Inwiefern verändert sich der Umgang mit dem Artefakt?	… Lernen der AkteurInnen in der Auseinandersetzung mit dem Artefakt; Veränderungen der Akteursgruppen; generell soziale, sachliche oder zeitliche Veränderungen bzw. Rhythmen im Artefaktgebrauch …
Inwiefern verändert sich das Artefakt in seinem Gebrauch?	… Art der Veränderung; Modifikationen während der Bestandsdauer eines Artefakts; intendierte versus nicht intendierte Veränderungen im Gebrauchskontext (z.B. Anpassung an Anforderungen, Wert) …
Was passiert am Ende der Bestandsdauer eines Artefakts?	… Gründe für das Ende der Bestandsdauer; Zerstörung; Entsorgung; Folgen bei der Artefaktentsorgung; Ersatz des Artefakts und Bedingungen für den Ersatz …

4.6 Ebene: Distanziert-strukturelle Analyse

c) Wirkungen und Funktionen

Um ein Artefakt zu verstehen, sollte man erkunden, warum dieses so wichtig ist und welche Wirkungen es auf Menschen, soziale Beziehungen oder die Gesellschaft insgesamt entfaltet. Artefakte erfüllen mitunter eine große Breite an Funktionen und entfalten Wirkungen, die nicht immer intendiert sind und auch nicht immer als positiv erlebt werden. Artefakte verändern diese Welt, indem sie schon durch ihre Existenz die Lebensbedingungen verändern (z.B. Veränderungen in der Landschaft, neue Wege, Hilfsmittel); sie verändern diese aber auch durch ihren spezifischen Gebrauch, wobei dieser Gebrauch nicht notwendig den ursprünglichen Intentionen folgt, sondern eine Eigendynamik mit entsprechenden Fernwirkungen in der Gesellschaft entfalten kann. So gestalten technische Innovationen Märkte um, indem sie andere Produkte verdrängen, damit einhergehend Arbeitsplätze und Ausbildungen schaffen oder vernichten – mit entsprechenden sozialen Folgen für die davon Betroffenen. Aber indem Artefakte auf das soziale Zusammenleben wirken, verändern sie auch die Menschen, indem sie ihnen neue Möglichkeiten oder Selbstbewusstsein verschaffen – oder bestimmte Gruppen an den Rand drängen. Die Selbstverständlichkeit im Umgang mit Artefakten führt häufig zu ihrer Inkorporation – wir handeln gleichsam automatisch oder wir reagieren auf Computerprogramme als hätten wir es mit anderen Menschen zu tun. Man muss beim Fußballspiel nicht jede Bewegung in Hinblick auf den Ball, das Tor oder die Einteilung des Fußballfeldes vorausplanen und -denken; es ist wahrscheinlicher, dass wir die Bewegungsabläufe so automatisieren, dass teilweise der Körper das Spiel übernimmt. Bis vor nicht allzu langer Zeit gab es keine Mobiltelefone – heute überkommt viele Menschen Unbehagen, wenn sie nicht über ihr Smartphone verfügen (weil sie es verloren oder vergessen haben) und weil die Möglichkeit wegfällt, fast immer und überall Kontakt aufzunehmen oder kontaktiert zu werden. Darüber hinaus ist ein Smartphone mit derart vielen Funktionen ausgestattet, dass es nicht nur als mobiles Büro, sondern als Uhr und Wecker, Fotoapparat, Videokamera, Musikplayer, Spielcomputer, Adressbuch, Radio, Kalender mit Terminerinnerung, Bankverbindung, Bestellapparat, blitzschnelle Briefpost, Navigation, Buch, Notizblock und als vieles mehr dient, sodass ein Verlust die grundsätzlich verfügbaren Optionen plötzlich und dramatisch reduziert.

Exemplarische Fragen zu Wirkungen und Funktionen:

Welche Auswirkungen hat das untersuchte Artefakt auf die mit dem Artefakt konfrontierten AkteurInnen?	… Veränderungen und Entwicklungen von Wahrnehmungsweisen, Handlungen oder Kommunikationsprozessen der AkteurInnen (z.b. optische Instrumente, Fokussierung und Ausrichtung des Blicks, Reliquien als Handlungsauslöser); Formen der Ermöglichung oder Einschränkung von Aktivitäten oder Potentialen (z.b. Hilfsapparate, Erweiterung und/oder Begrenzung der ansonsten verfügbaren Möglichkeiten); Möglichkeit der Inkorporation des Artefaktumgangs (z.b. Verdrängung aus dem Bewusstsein; körperliche Automatisierungen); Artefakte als Handlungsauslöser (z.B. wenn die Ampel umschaltet) …
Wie verändert sich Gesellschaft durch die Existenz und Handhabung des Artefakts?	… Normierung, Strukturierung oder Steuerung von Gesellschaft; Veränderung von Herrschaftsverhältnissen; Bedeutung für spezifische Märkte (z.b. Produktmarkt, Arbeitsmarkt); intendierte und nicht-intendierte Folgen des Artefaktgebrauchs für die Gesellschaft (z.b. Mobilität, Umweltverschmutzung) …
Welche Wirkungen werden dem Artefakt zugeschrieben?	…unterschiedliche Zuschreibungen, was ein Artefakt leisten sollte, könnte oder auch nicht; Konfrontation der Zuschreibung mit den erfahrbaren Wirkungen; Direktheit der Wirkungen (z.b. indirekte Wirkung durch Kriterien, welche die spezifischen Wirkungsvorstellungen beeinflussen könnten) …
Welche Funktionen übernimmt das Artefakt im sozialen Kontext?	… symbolische, emotionale, funktionale oder andere Funktionen; nichtintendierte Funktionen und Formen der Verselbständigung der Funktionalität des Artefakts …
Was passiert bei einem Ausfall der Funktionen des Artefakts?	… Sanktionsmöglichkeiten; mit Ausfällen verbundene Vorzüge oder Risiken für Aktivitäten oder AkteurInnen (z.b. Sturmschäden an einem Gebäude; Strahlungsgefahr, ökologische Beeinträchtigungen; Verlust von Schutz- oder Hilfsfunktionen); Bedeutung für soziale Ordnung (z.B. in Hinblick auf soziale, wirtschaftliche oder technische Sicherheit); Regelungen für den Ausfall (z.B. Versicherung, Notfallpläne) …
Inwiefern sind die Artefaktwirkungen dauerhaft?	… Veränderung der Wirkungen im Laufe des Artefaktbestands; Dauerhaftigkeit und zeitliche Struktur der Wirkungen; technische, ökonomische, soziale bzw. gesellschaftliche Folgen aus diesen (z.B. Lagerung radioaktiven Mülls, Folgen für das Familienleben)…

4.6 Ebene: Distanziert-strukturelle Analyse

d) Szenische & soziale Integration

Artefakte, das wurde in den vorauslaufenden Interpretationsebenen bereits deutlich, führen kein Inseldasein, sondern sind in soziale und kulturelle Lebensweisen integriert. Diese Bedeutung für das Wohlbefinden oder auch die mit Artefakten verbundenen Emotionen und Empfindungen hängen wesentlich davon ab, in welchen Konstellationen sie auftreten. Man merkt das sehr schnell, wenn man sich ein Theaterstück vergegenwärtigt, in dem Bedeutungen im Zusammenhang mit Gegenständen und im Zuge einer dramatischen Entwicklung wechseln, wenn etwa verdeckte Winkel, Licht und Musik Bedrohung signalisieren. Vergleichbare Erfahrungen macht man, wenn man in einer fremden Kultur ein Dorf besucht und plötzlich die sozialen Arrangements auch in Hinblick auf Artefakte ganz anders als gewohnt gestaltet sind. Eine Flasche mit Wasser kann sich in einer trockenen und einsamen Gegend als wahrer Segen erweisen, während sie in einem Lokal nicht besonders auffällt, solange sie nicht auf eine spezielle Marke verweist oder durch ihre ausgefallene Form oder ihr besonderes Material Aufmerksamkeit erregt. Dabei verändern sich mit einem Artefakt verbundene Auffassungen und Wahrnehmungen im Zeitverlauf oder in den spezifischen sozialen Ensembles: Was im Freundeskreis ein schickes Kleidungsstück ist, gilt in einem anderen Milieu als konservativ oder als verrückt und ist im nächsten Jahr schon nicht mehr tragbar – zumindest wenn man auf die Zuschreibungen anderer Personen Wert legt.

Exemplarische Fragen zur szenischen & sozialen Integration:

Welcher Gesamteindruck entsteht aus dem spezifischen Artefaktarrangement im engeren und weiteren Kontext?	… Wirkung der zeitlichen, sachlichen und sozialen Verortung für die Wahrnehmung und für Handlungsorientierungen (z.b. schräge Gebäudewände, Erzeugung von Illusionen); im Gesamtzusammenhang erzeugte Stimmung (z.B. im Kontext von Initiationen, Trauerveranstaltungen, Partystimmung, Ausdruck von Perfektion); insgesamt: Sinnintegration des Artefakts (Sinnbezirke) …
Welche Erwartungshaltungen oder Forderungen gehen vom Artefakt aus?	… wahrgenommener Druck; mit dem Artefaktkontext verbundene Regeln (etwa Stühle in einem Raum als Aufforderung zum Stillhalten); mit Artefakten verbundene Sanktionen (z.B. bei Straßenmarkierungen, Berührverbote); geforderte Beachtung (z.b. Wertschätzung von Geschenken) …
Inwiefern strukturieren Artefakte soziale Settings?	… die Strukturierung sozialer Räume und damit verbundene Handlungsaufforderungen (z.B. Podium und Publikumsbereich); Strukturierung der Handlungsabläufe (z.B. Weiterreichen eines Trinkgefäßes, Computertastatur); Beeinflussung sozialer Beziehungen (z.B. durch den Gebrauch von Artefakten mit sehr positivem oder negativem Image); Kommunikationsstrukturierung (etwa Türsprechanlagen) …
Welche Rezeptionsform und Rezeptionsgeschichte ist mit dem Artefakt verbunden?	… Integration in kulturelle Entwicklungen (z.B. Kunstwerke, Veränderung der Einstellungen gegenüber Artefakten); Funktion der spezifischen Artefaktrezeption; Kontexte der Diskussion über Artefakte …
Wie verändert sich die Rezeption des Artefakts?	… Bedingungen für die Art der Rezeption (z.B. Art des Arrangements, Veränderungen des Kontextes); zeitliche Abläufe in Hinblick auf die szenische oder kulturelle Integration; Bedeutung der Rezeption für das soziale Zusammenleben (z.B. Imagebedeutung); Geschichten über frühere Artefaktversionen …

4.7 Ebene: Komparative Analysen

Für die Artefaktanalyse ist es wichtig, eine idealisierte situierte Vorstellung von Artefakten herauszuarbeiten. Um dabei das Artefakt genauer abgrenzen und verorten zu können, sind komparative Analysen überaus hilfreich: die Konfrontation von gleichartigen Artefakten, von differenzierten Kontexten ihres Vorkommens in unterschiedlichen Situationen sowie eine Kontrastierung mit anderen Analyseverfahren. Im Sinne eines Qualitätssicherungsverfahrens werden mit diesem Schritt die Analysen nicht nur abgerundet, sondern auch präzisiert und differenziert sowie die Erkenntnisse vergleichend geprüft.

a)   Kontrastierung mit vergleichbaren Artefakten
Mittels komparativer Analyse von gleichartigen Artefakten oder solchen, denen eine vergleichbare Funktion oder Bedeutung im Feld zukommt, ist es möglich, die ursprünglichen Erkenntnisse in Hinblick auf ein Artefakt bezüglich der Tragfähigkeit der bisherigen Interpretation zu überprüfen. Auch geht es darum, möglicherweise vernachlässigte Differenzierungen und Einzelheiten zu erfassen und damit die Interpretation zu verfeinern. So erfüllen Personenkraftfahrzeuge möglicherweise ähnliche Grundfunktionen, können aber in ihrem äußeren Erscheinungsbild (z.B. Sportwagen, SUV, Familienwagen, Kleinauto), der Ausstattung (z.B. Motorisierung, Musikanlage, Sitzbezüge, Sicherheitseinrichtungen) oder dem mit ihnen verbundenen Image stark variieren. In diesem Sinne wird auch deutlich, was zentrale Funktionen sind, in welchem Verhältnis die verschiedenen Artefaktcharakteristika zueinander stehen und welche Bedeutung diesen für verschiedene Akteursgruppen zukommt. Das gilt aber auch für einfache Gebrauchsgegenstände, wie ein Trinkglas, das – aus Kristall gefertigt oder aus Kunststoff gepresst – verschiedene Größen, Farben und Formen aufweisen kann.

Exemplarische Fragen zur Kontrastierung mit vergleichbaren Artefakten:

Welche Artefakte sind gleichartig und erfüllen vergleichbare Funktionen?	… Prüfung der Verbreitung eines Artefakts; Variationen des untersuchten Artefakttypus; Grenzen der Ähnlichkeit (z.B. Kriterien, die ein Artefakt als vergleichbar bestimmen lassen) …
Welche Ähnlichkeiten und Unterschiede lassen sich zu bereits untersuchten Artefakten identifizieren?	… Übereinstimmungen mit bisherigen Erkenntnissen; Abweichungen davon; Dimensionen dieser Unterschiede in zeitlicher, sachlicher oder sozialer Hinsicht (z.B. Gebrauchsformen, Herstellung, Symbolik) …
Welche Bedeutung haben die festgestellten Unterschiede?	… Hinweise auf Normalitätsbedingungen; Bedeutung von Anomalien; Abdeckung verschiedener Nischen im Feld; Bedeutung verschiedener Elemente für das Artefakt …

b) *Vergleich typischer Artefaktkontexte*

Bereits die Kontrastierung von als ähnlich identifizierten Artefakten deutet darauf, dass diese trotz ihrer gleichartigen Erscheinung je nach ihrem Herstellungs- oder Verwendungszusammenhang mitunter deutlich variieren. So können fast identische Artefakte völlig unterschiedliche Bedeutungen je nach ihrer situativen Verankerung aufweisen. Ein Kelch wird vermutlich im Rahmen einer religiösen Zeremonie als religiöses Symbol ganz anders gehandhabt werden, als wenn ein solcher als altes Ausstellungsstück in einer Museumsvitrine steht und die Kunstfertigkeit einer Epoche demonstriert, als Souvenir einem berühmten Kelch – allerdings aus billigem Material – nachgeahmt und als Massenprodukt an TouristInnen vertrieben wird, als originelles Trinkgefäß in einer Taverne fungiert oder als Müll in einer Recyclinganlage auftaucht. Es verschieben sich aber nicht nur Bedeutungskontexte, sondern auch die verschiedenen Interessen oder Herstellungszusammenhänge und sie werden von den die Artefakte handhabenden Personen auf sehr unterschiedliche Weise genutzt oder inkorporiert. All das ist wichtig, um die unterschiedlichen Sinnbezirke, in die Artefakte eingebunden sind, genauer zu erkunden.

4.7 Ebene: Komparative Analysen

Exemplarische Fragen zum Vergleich typischer Artefaktkontexte:

Was sind typische Artefaktkontexte und wo taucht ein Artefakt noch überall auf?	… Beschreibung des typischen Kontextes; Unterschiede zu anderen Kontexten (wenn etwa ein bislang unerkanntes Kunstwerk am Flohmarkt auftaucht, unangemessene Kleidung); Bedingungen, die ein Artefakt fehl am Platz erscheinen lassen …
Wodurch unterscheiden sich differente Artefaktkontexte?	… verschiedene Situationen, in denen ein Artefakt auftaucht (z.B. Herstellung, Verwendung, Modifikationen); verschiedene Akteursgruppen, die mit dem Artefakt zu tun haben; Einbindung in Artefaktkombinationen (z.b. bei kombinierter Verwendung von Werkzeugen oder Geräten) …
Welche Unterschiede sind mit den verschiedenen Kontexten verbunden?	… Bedingungen, unter denen ein Artefakt in ungewöhnlichen Umgebungen auftaucht; Faktoren, welche die Bedeutung der Unterschiede bestimmen (z.B. Kleidung nach Anlass) …

c) *Verknüpfung mit weiteren Analyseverfahren*

Mitunter ist es sinnvoll, weitere Verfahren in die Analyse einzubeziehen. In Hinblick auf die Artefaktanalyse sind das vorrangig Befragungen und Beobachtungen, weil diese in einem sehr direkten Zusammenhang mit dem Kontext stehen, aber auch Strukturdatenanalysen, in deren Material häufig Artefakte auftauchen (Näheres zu ergänzenden Analyseverfahren siehe Kap. 6).

Exemplarische Fragen zur Verknüpfung mit weiteren Analyseverfahren:

Wo sind anhand der bisherigen Interpretationen Lücken aufgetaucht?	… Art der Lücken; Art der zusätzlich benötigten Informationen; mögliche Quellen für diese Informationen …
Welche Zusatzinformationen könnte man mit Befragungen erlangen?	… differenzierte Sichtweisen der mit einem Artefakt konfrontierten AkteurInnen; manifeste Bedeutungen …
Welche Zusatzinformationen könnte man mit Beobachtungen erlangen?	… differenzierte Umgangsformen mit einem Artefakt; Analyse der Alltagspraktiken …
Welche Zusatzinformationen könnte man im Zuge von Strukturdatenanalysen erlangen?	… Bedeutung von Artefakten für die äußeren Charakteristika eines Untersuchungsfeldes; Artefakte als Strukturbedingungen des Feldes …

4.8 Zusammenfassende Analyse

Den Abschluss einer Artefaktanalyse bildet die strukturierte Zusammenfassung der gewonnenen Erkenntnisse. Dabei taucht die Grundfrage im empirischen Analysekontext auf, nämlich was das untersuchte Artefakt zu dem macht, als das es bezeichnet, hergestellt, modifiziert oder auch zerstört wird und welche Schlüsse die sozialen Aktivitäten im Kontext des Artefaktes auf die Form der Gestaltung sozialer Prozesse, die Herstellung sozialer Ordnung und damit für das Verständnis von Gesellschaft zulassen. Da dies in hohem Ausmaß von der Art der Konzeption der Forschungsstrategie und die Einbindung in den Gesamtzusammenhang der Analyse abhängig ist, können an dieser Stelle nur sehr allgemeine Hinweise gegeben werden. Diese beginnen bei der vorsorglichen Aufbereitung der Erkenntnisse im Verlauf des Interpretationsprozesses und enden bei der Integration in den Argumentationsgang einer Forschungsarbeit.

a) Ergebnisstrukturierung im Zuge der Interpretation
Bereits im Zuge der Interpretation sollte man den Abschluss der Studie in einer Weise berücksichtigen, welche die Ergebnisse schrittweise und systematisch aufbereitet, strukturiert und dokumentiert. Verabsäumt man den Aufbau einer solchen systematischen Dokumentation, so besteht die Gefahr, am Ende manches zu vernachlässigen oder Auffälligkeiten zu stark zu betonen. Eine Dokumentation ist im Forschungsablauf schon deshalb wichtig, weil sie einen guten Überblick über den Stand der Forschung sowie noch offene Forschungslücken gibt und damit eine wichtige Entscheidungshilfe bietet. Grundsätzlich bieten sich dafür folgende Reflexionsfragen an:

- Was sind wiederkehrende und zentrale Teilaspekte, welche ein Artefakt oder einen Verbund an untersuchten Artefakten im jeweiligen Kontext charakterisieren? (Verschiedene Muster im Zusammenhang mit Artefakten; Komponenten, die für die weitere Analyse vielversprechend sind)
- Welche Widersprüche lassen sich identifizieren und worauf sind diese zurückzuführen? (Definition von Teilaspekten, die in der laufenden Analyse noch nicht beantwortet werden konnten; Gründe für die Lücken)
- Welche weiteren Informationen werden benötigt, um die aufgetauchten Interpretationslücken schließen zu können? (Entscheidungskriterien für sinnvolle inhaltliche Fokussierungen, die Artefaktauswahl und die weitere methodische Vorgangsweise)

4.8 Zusammenfassende Analyse

b)   Strukturierung im Verlauf der Ergebnisaufbereitung
Der Aufbau von Forschungsmemos ist ein guter Weg, diese für die Strukturierung eines Berichts aufzuarbeiten (Strauss 1991, S. 109ff.). Dabei geht es um den Erkenntnisgewinn, den die Arbeit im Forschungskontext bereitstellt. Folgende Fragen können dafür einen Rahmen bilden:

- Was sind die wichtigsten Ergebnisse, die zum Verständnis des Untersuchungsbereiches beitragen? (Zusammenfassung der identifizierten Strukturen, Muster oder Besonderheiten; Stellenwert des Artefakts im Untersuchungsgegenstand)
- Welche Ergebnisse tragen zur Beantwortung der Forschungsfrage bei? (Unterscheidung nach der Bedeutung der verschiedenen Ergebnisse, über die ursprünglichen Fragen hinausführende Ergebnisse)
- Wie kann man die Ergebnisse in einen stringenten Argumentationszusammenhang bringen? (Herausarbeiten der Zusammenhänge zwischen den verschiedenen Teilaspekten der Ergebnisse; Systematik des Aufbaus einer Argumentationsstruktur)

c)   Vermittlung der Interpretationsqualität
Wissenschaftliche Analysen müssen so durchgeführt werden, dass die erzielten Erkenntnisse vertrauenswürdig sind und sich selbst bei kritischer Infragestellung als tragfähig erweisen. Das gilt insbesondere für interpretative Studien, weil diese in der Regel als Kunstlehren besonders störanfällig in Hinblick auf die Sorgfalt der Prüfung gewagter Schlüsse und die Distanzierung von (auch literaturgestützten oder plausiblen) Vorannahmen sind. Aus diesem Grund ist es für die Forschungsqualität essentiell, im gesamten Forschungsverlauf einen Blick auf die Prüfung von Vermutungen und die permanente Infragestellung vermeintlicher Erkenntnisse zu richten. Dazu zählt nicht nur die Begründung der gewählten Vorgangsweise, sondern dafür geben auch verschiedene weiterführende Maßnahmen zur Qualitätssicherung wertvolle Anregungen. Im Zuge dessen ist es empfehlenswert, folgende Fragen zu überdenken:

- Warum wurde die Artefaktanalyse als sinnvolle Forschungsmethode gewählt? (Inhalte, für die Artefakte einen Schlüsselzugang bieten, spezifischer Blickwinkel im Rahmen einer Artefaktanalyse)
- Welche Verfahren zur Steigerung der Forschungsqualität wurden gewählt? (Systematik der Integration der Artefaktanalyse in ein Forschungsdesign, Auswahlstrategie für Artefakte, interpretationsimmanente Qualitätssicherung, Kombination mit anderen Forschungsverfahren)

- Wie wurde die Artefaktanalyse in Hinblick auf die Forschungskonzeption adaptiert? (Besonderheiten des jeweiligen Artefakts; Schwerpunktsetzungen der Artefaktanalysen)
- Welchen Stellenwert hat die Kombination verschiedener Forschungsverfahren im Gesamtprozess? (Vorzüge ergeben sich aus der Kombination verschiedener Verfahren; Schwerpunktsetzungen durch verschiedene Verfahren)

d)   Integration in den Argumentationsgang einer Studie

Letztlich ist es notwendig, die Artefaktanalyse in den Gesamtzusammenhang einer Studie zu integrieren. Dazu ist es erforderlich, die Artefaktanalyse in Hinblick auf das Erkenntnisinteresse zu positionieren und zu erläutern, welchen Beitrag diese für das Verständnis eines Phänomens, eines Artefakts in seinem sozialen Kontext oder die Entwicklung des wissenschaftlichen Feldes in Hinblick auf ein Forschungsthema leistet. Als Reflexion könnten hier folgende Fragen dienen:

- Inwiefern kann die Artefaktanalyse einen Beitrag zum Verständnis des interessierenden Phänomens oder die Beantwortung einer Forschungsfrage leisten? (Art der Erkenntniserweiterung, Spezifika des konkreten Zugangs mittels Artefaktanalyse)
- Inwiefern leistet die Artefaktanalyse einen wesentlichen Beitrag zur Entwicklung wissenschaftlichen Wissens zum Untersuchungsfeld? (Konkrete innovative Beiträge, wissenschaftliche Relevanz)
- Welche Schlussfolgerungen ergeben sich aus der Analyse in Hinblick auf verfügbare Erkenntnisse? (Reflexion in Hinblick auf die wissenschaftliche Literatur zum Thema, Reichweite und Limitierungen der Ergebnisse)
- Welche zusätzlichen Forschungen wären erforderlich, um die aufgetretenen offenen Fragen beantworten zu können? (In der Forschung aufgetauchte neue Fragen oder Themen und deren Relevanz, Forschung zur Präzisierung oder zu spezifischen Absicherungen)

Artefaktanalyse ist letztlich Gesellschaftsanalyse und sollte entsprechende Erkenntnisse verfügbar machen. Deshalb stellt sich zum Abschluss immer die Frage, was man aus der Analyse an diesbezüglichem Wissen dazugewonnen hat und welcher Beitrag zur Beantwortung der ursprünglichen Forschungsfrage geleistet wurde.

Einige Besonderheiten von Artefakten 5

Während das vorhergehende Kapitel auf ein möglichst breites Spektrum von Artefakten ausgerichtet war, zeigen sich doch einige Spezifika, die eine gesonderte Betrachtung sinnvoll erscheinen lassen, weil sie von der verallgemeinerten Konkretisierung der Interpretation nicht oder nicht ausreichend erfasst werden. So sind zwar alle Artefakte letztlich aufgrund ihrer Materialität dreidimensional, aber es macht durchaus Sinn, zwischen zwei- und dreidimensionalen Artefakten zu unterscheiden: Gerade bei zweidimensionalen Artefakten (wie handwerklich hergestellte Bilder, Fotografien oder Videos) sind einige Besonderheiten zu verzeichnen, die einer genaueren Betrachtung bedürfen. Die enorme Bandbreite dreidimensionaler Artefakte wiederum macht es sinnvoll, einige Artefaktgruppen (Räume, Umweltmodifikationen, Technik sowie den menschlichen Körper und seine Bekleidung) speziell herauszuheben. Die Ausführungen haben dabei die Funktion, Anregungen für entsprechende Modifikationen der Artefaktanalyse zu bieten, sind also keine eigenen Interpretationsverfahren. Dafür werden spezifische Aspekte herausgehoben, die im Zuge der Analyse dieser Artefakttypen berücksichtigt werden sollten.

5.1 Die Analyse zweidimensionaler Artefakte

Derzeit ist eine Fülle an Literatur verfügbar, die sich mit unterschiedlichen Aspekten zweidimensionaler Artefakte befassen. Grundsätzlich gilt dies für Textanalysen, weil solche Texte in diesem Bereich weit verbreitet sind (als Textplakate, Unterschriften zu Bildern oder die Textblätter in Büchern). Diese werden aufgrund der Vielfalt an spezialisierten Verfahren an dieser Stelle nicht eigens angesprochen (z.B. Froschauer und Lueger 2003; Keller et al. 2011, 2010). Aber auch die visuelle Soziologie oder die visuelle Ethnographie bieten einige Zugänge zu solchen zweidimensionalen Artefakten (z.b. Raab 2008; Hockings 1995; Müller et al. 2014; Pink 2013; Leeuwen und Jewitt 2013). Dennoch sollen aufgrund ihrer Eigentümlichkeiten zumindest folgende zweidimensionale Gegenstände im Rahmen der vorgestellten Artefaktanalyse herausgehoben werden (vgl. Lueger 2010; Lueger und Froschauer 2007): (a) Handwerklich hergestellte Bilder, die eine darstellende und/oder reflexive Funktion erfüllen (z.B. Handzeichnungen, Malerei) sowie Vorstellungen und Eindrücke visualisieren; (b) Fotos als inzwischen höchst alltägliche Repräsentationen moderner Gesellschaften, die einen Augenblick einfangen, ihn technisch modifiziert wiedergeben (z.B. Farbbilder, Fotomontagen oder Verfremdungen) und die leicht teilbar sind (Abzüge, Druck, Computer; speziell über soziale Medien); (c) Filme und Videos, die im Gegensatz zu handwerklich hergestellten Bildern und Fotos Prozessverläufe und narrative Inszenierungen visuell (und meist auch akustisch) verfügbar machen und ebenfalls weit verbreitet und leicht zugänglich sind.

Symbolische Darstellungen wiederum erfüllen häufig eine sehr spezifische kommunikative Funktion (wie Schilder, Hinweiszeichen oder Landkarten), die aber vielfach die Kenntnis der Bedeutung der Mitteilung voraussetzen. Sie werden hier nur der Vollständigkeit halber angeführt, weil sie meist als Schilder, Boden- oder Wandmarkierungen wichtige Wegweiser in unserer Gesellschaft bilden. Im Alltag kommunizieren sie uns Regeln (z.B. Straßenverkehr), liefern Informationen (z.B. wo wir einkaufen können) oder lotsen uns durch Gebäude (z.B. Leitsysteme). In der Forschung wiederum können sie im Rahmen von Vignettenanalysen wertvolle Dienste leisten (etwa Verwendung von Vignetten als gezeichnete Anregungen für Diskussionen oder Rollenübernahmen) (Stiehler et al. 2012). Für die Analyse ist es dabei sinnvoll, die Zeichenhaftigkeit (vgl. Peirce 1991a, S. 344ff.) von Artefakten einzubeziehen: die Symbolik im Kontext kultureller Selbstverständlichkeiten (z.B. ‚leichtverständliche' stilisierte Vereinfachung des Dargestellten), die mögliche indexikalische Qualität (etwa als Hinweis auf etwas anderes) oder Zeichen als symbolische Repräsentanten ohne direkten Bezug zum Dargestellten (Codes, viele Verkehrszeichen). Vignetten sind darüber hinaus in ihrer narrativen Struktur und als Projektionsfläche für RezipientInnen von Bedeutung.

Für handwerklich hergestellte Bilder, Fotos und Videos werden nachfolgend die Besonderheiten im Rahmen der hier vorgestellten Artefaktanalyse angesprochen, wobei die handwerklich hergestellten Bilder aufgrund der langen Tradition der Auslegung der in ihnen enthaltenen Geschichten etwas ausführlicher thematisiert werden:

5.1 Die Analyse zweidimensionaler Artefakte

a) Handwerklich hergestellte Bilder
Als handwerklich hergestellte Bilder werden für die folgenden Ausführungen Gegenstände verstanden, die unter Beiziehung von Hilfsmitteln (z.b. Materialien wie Leinwand, Farbe oder chemische Substanzen; Werkzeugen wie Pinsel, Stifte, Spachteln; Technik wie optischen Geräten) zur visuellen Darstellung realer oder fiktiver Inhalte hergestellt wurden und weitgehend durch ihren flächigen Charakter bestimmt sind (wie etwa Malerei, die ja immer auch einen dreidimensionalen Charakter aufweist – wie etwa bei der Verwendung von Ölfarben, Kunststoffen oder Metallen deutlich erkennbar ist). Solche bildlichen Darstellungen spielen in vielen Kulturen eine Rolle und weisen eine jahrtausendealte Tradition auf, die von den frühen Höhlenzeichnungen (z.B. Newton 2015) und kunstvollen Verzierungen von Gegenständen bis hin zu Wandmalereien oder heutigen bildnerischen Darstellungen reicht. Als materielle Darstellungen sind sie flächig auf ein Trägermedium aufgebracht und vermitteln auf visueller Ebene zwischen HerstellerInnen und RezipientInnen. Ihre Erstellung erfordert handwerkliches Können, wobei in der Regel kulturelles und praktisches Wissen in die Herstellung eingeht. Die in einen pragmatischen Kontext und in kulturgebundene Zusammenhänge eingebetteten Bilder machen die Interpretation insbesondere vor einem zeitgeschichtlichen Hintergrund anspruchsvoll, weil weder die ursprünglich bei der Herstellung relevanten Kontexte noch die damaligen kulturellen Bedeutungen einfach abrufbar sind.

Die Kunstgeschichte befasst sich schon lange mit dem Verstehen (und auch Nichtverstehen oder Missverstehen) solcher Kunstwerke, weil zum einen die Transformation des Bildes in Sprache im Interpretationsprozess nur unzureichend die Komplexität des expressiven Gehalts vermitteln kann, und zum anderen, weil auch die im Zuge der Betrachtung erlangten Eindrücke nicht immer vollständig verbalisierbar sind. Dazu kommt, dass weder Bilder noch Sprachen eindeutig sind, wodurch sie grundsätzlich Spielräume der Auslegung eröffnen. Aber diese Vagheit ist auch bedingt durch die Eigenheiten der Übersetzung eines Bildes, des dahinter stehenden Wissens und der Eindrücke in Sprache, hängt aber auch vom historisch-konkreten Kulturzusammenhang der Erstellung, dem Gebrauch und der Betrachtung der Kunstwerke ab, die häufig dem ursprünglichem Kontext entrissen eine Neuinterpretation erfahren (müssen). Eigene Erfahrungen, das erworbene Wissen um Stile, Symbole oder allgemein der Kulturgeschichte sowie die Verbindung mit der Gegenwart bestimmen daher in vielen Fällen, wie man an die Bildanalyse herantritt. Während für die einen die Rekonstruktion des kollektiven Bewusstseins der Gesellschaft zum Zeitpunkt der Entstehung des Bildes im Zentrum steht, sind es für die anderen die ästhetische Empfindung und die subjektiven Gefühle bei der Betrachtung. Gerade deshalb macht es durchaus Sinn, dem Verstehen das Nichtverstehen zur Seite zu stellen (Chamrad 2001).

Die Interpretation von Bildern im Sinne von Kunstwerken orientiert sich häufig an drei verschiedenen Bedeutungssphären, deren Zusammenwirken Panofsky (1978, 1987) beschreibt: (a) Die vor-ikonografische Interpretation des Phänomensinns, der sich auf das primäre und natürliche Sujet des Bildes bezieht. Grundlage der Interpretation sind praktische Erfahrungen und die Vertrautheit mit den Gegenständen und dargestellten Ereignissen. Auf diese Weise beschreibt man die Konfiguration von Formen (Menschen, Pflanzen Landschaft, abstrakte Formen etc.) und Farben, aber auch den Ausdruck des Dargestellten. Die Stilgeschichte gibt dafür Hinweise, wie zu einer bestimmten Zeit charakteristischerweise spezifische Gegenstände und Ereignisse dargestellt werden. (b) Die ikonografische Analyse des Bedeutungssinns widmet sich dem sekundären und konventionellen Sujet, bei dem die praktischen Erfahrungen in der Regel nicht mehr ausreichen. In dieser Bedeutungssphäre werden künstlerische Motive mit Themen verknüpft, was es nötig macht, die mit den Bildern verknüpften Anekdoten und Allegorien zu erschließen. Dafür ist jedoch ein fundiertes Wissen über die Entwicklung von Ausdrucksweisen im historischen Verlauf erforderlich, also eine Art Typengeschichte, weshalb es bei dieser Analyse sinnvoll ist, auf Literaturquellen zurückzugreifen. Im Zentrum steht das Verständnis der Szene, die im Bild zum Ausdruck gebracht wird, was eine Vertrautheit mit den damit verbundenen Geschichten und deren üblichen Darstellungsformen erfordert. (c) Die ikonologische Interpretation des Dokumentsinns, welche die im Bild zum Ausdruck gebrachte Weltanschauung als eigentliche Bildbedeutung begreift. Das erfordert umfassende Kenntnisse der Kulturgeschichte, um zu verstehen, unter welchen historisch konkreten Bedingungen und auf welche Weise Vorstellungsinhalte zum Ausdruck gebracht werden. Hier rückt die Zeit, in der das Bild entstanden ist, in den Vordergrund, etwa gesellschaftliche Grundhaltungen, die wirtschaftliche oder politische Situation, aber auch die Biographie des Künstlers oder der Künstlerin. Darüber hinaus bedürfen nunmehr die zur Gestaltung verwendeten Techniken, Materialien und Farben oder auch die Bildgröße der Interpretation, wofür zeitgenössische Literatur und das Umfeld des Kunstwerkes wichtige Quellen darstellen (Panofsky 1978).

Imdahl (1995) geht hingegen anders vor und stellt mit seiner wahrnehmungsorientierten Interpretation von Kunstwerken die Individualität eines Bildes in das Zentrum. Die von ihm begründete Ikonik macht damit die visuelle Präsenz der Darstellung zum zentralen Thema. Es geht nun nicht mehr um den erzählerischen Aufbau des Bildes, sondern um seinen sprachlich nicht einholbaren bildgestifteten Sinn, also die Möglichkeiten und Wirkungen des Bildmediums. Während Ikonografie und Ikonologie auf vorausgesetztem Wissen basiert also auf dem außerbildlich vorgegebenen, setzt die Ikonik bei der Anschauungserfahrung des Bildes an, die einer aktiven und intensiven Beschäftigung mit dem Bild bedarf. Insofern ist dies keine reproduzierbare Methode, sondern eine spezifische Herangehensweise an ein Bild, die auf einer intensiven Diskussion und die Herausarbeitung der vielfältigen Bedeutungsweisen beruht. Das macht die Interpretation zu einer Werkaufführung, was insbesondere der neuen Kunst gerecht wird (Boehm 1995).

In der eben charakterisierten Interpretationstradition werden Bilder im Sinne dieser Interpretationsverfahren als geistes- und kulturgeschichtliches Zeugnis gesehen, wobei die Interpretation vorzugsweise auf das in ein Bild eingegangene kulturelle Wissen sowie auf die Wirkung eines Bildes zurückgreift. Während dabei das Bild im Zentrum steht, rückt dieses in den Sozialwissenschaften in den Hintergrund. In diesen tritt der Kontext in das Zentrum der Aufmerksamkeit, also was dieses Bild über die Gesellschaft zum Ausdruck bringt. Damit ist nicht mehr das Verständnis des Bildes so wichtig, sondern das Verständnis der Gesellschaft, in der das Bild erzeugt, gehandelt oder betrachtet wird. Also fragt man danach, wie jemand auf die Idee kommt, dieses Kunstwerk in genau dieser Form und mit dieser Technik zu erschaffen, wie andere es wahrnehmen, interpretieren und damit umgehen und welche Effekte unter welchen Umständen mit dem Werk verbunden sind. Dadurch werden auch die zur Interpretation herangezogenen Literaturquellen, die bei Panofsky (1978) eine Schlüsselstelle im Interpretationsprozess einnehmen, kritisch hinterfragbar, weil sie einen spezifischen Herstellungs- und Rezeptionskontext bilden, der nicht selbstverständlich übernommen werden kann.

Stellt man den Kontext in das Zentrum, so werden die Elemente in einem Bild zu dessen symbolischen Repräsentanten. Das macht auch den wesentlichen Unterschied zu dreidimensionalen Objekten aus, die schon durch ihren Aufbau oft mehr als rein symbolische bildhafte Darstellungen sind: Ein Werkzeug kann man als solches verwenden, mit Smartphones kann man Hör-, Lese- und Sichtkontakt zu anderen Personen aufnehmen, Gebäude kann man bewohnen. Bilder kann man nur betrachten (wenn man die Leinwand nicht als Schutzhülle oder das Papier als Schreibpapier missbraucht). Folglich ist die Entschlüsselung jener Bedingungen entscheidend, die das Bild zu einer Mitteilung machen, mit der die HerstellerInnen in einem historisch-konkretem Setting etwas darstellen und BetrachterInnen es auffassen.

Allgemein werden dabei verschiedene Kontexte thematisiert, welche sich auf die Wechselwirkung zwischen Bild und Gesellschaft beziehen. Im Rahmen einer Artefaktanalyse bieten sich dafür folgende Interpretationsperspektiven an:

- Der physische Kontext: Das betrifft die Materialien, die zur Herstellung verwendet werden (und damit bestimmte Effekte provozieren) sowie den Untergrund, auf den das Bild aufgetragen wird. Hier lässt sich zwischen fixierten oder flexiblen Malflächen unterscheiden: Erstere sind Flächen, die nicht nur das

Bild umfassen und daher einen Ausschnitt aus einem anderen dreidimensionalen Artefakt bilden (z.b. Höhlenwand, Mauerfläche eines Hauses; jedoch können die dreidimensionalen Artefakte als bewegliche Präsentationsfläche fungieren, wie bei einem Fahrzeug), während zweitere weitgehend ausschließlich für das Bild reserviert sind (z.b. Papier, Leinwand, Metallplatte, Glasfläche), und damit in der Regel grundsätzlich beweglich sind. Darüber hinaus stellt sich die Frage der Bildumgrenzung, also was die Grenze zum Außerbildlichen setzt. Und letztlich stellt sich die Frage, wie dauerhaft das Bild verfügbar ist. Eine Beamerprojektion unterliegt deutlich anderen Darstellungsvoraussetzungen mit entsprechender technischer Unterstützung, wie ein Bild auf einer Leinwand oder ein Wachsbild. Insgesamt ist also darauf zu achten, welche Materialien wofür mit welchen Folgen für das Bild verwendet wurden und was dieser Kontext über den Zusammenhang des Bildes mit dem gesellschaftlichen Umfeld aussagt.

- Der produktive Kontext: Dabei ergeben sich mehrere Komponenten, welche auf die Herstellung wirken könnten: Zum einen ist das der soziale Herstellungszusammenhang, der das Motiv, die Materialien oder auch die Ausführung betreffen kann. Im Blick zurück sind das mögliche Vorbilder oder frühere Varianten eines Bildes, wobei das konkrete Bild eine Art Fortsetzung bildet (etwa mehrere Versionen eines Kunstwerks, Einfluss aus Vorbildern eines Malers, andere Werbebilder für ein Produkt zur Abgrenzung oder Nachahmung). Mit Blick auf die künftige Verwendung ist es etwa die Chance, das Interesse möglicher Abnehmer zu wecken (etwa in ökonomischen Verwertungszusammenhängen), eine Idee möglichst breitenwirksam zum Ausdruck zu bringen (z.B. Parteiwerbung) oder eben der Versuch, einen Stil oder eine Kunstrichtung durchzusetzen oder sich solchen anzuschließen. Dabei macht es einen Unterschied, ob es sich bei einem Bild um eine Auftragsarbeit, einem Ausdruck innerer Verfasstheit und der Selbstdarstellung oder um ein Erzeugnis handelt, um jemandem Freude zu bereiten oder zu anderen Interpretationen des Dargestellten anzuregen. Darüber hinaus ist auch die erforderliche Kompetenz zu berücksichtigen, nämlich die Materialien und die Werkzeuge zu beherrschen und entsprechendes Wissen (etwa über Druck-, Radier- oder Maltechniken) aufzubauen und in der Arbeit umzusetzen. Und nicht zuletzt ist darauf zu achten, welche Umgebung man für die Herstellung benötigt – wie etwa ein Gerüst für ein großflächiges Bild auf einer Feuermauer, eine Buchseite als Trägermaterial oder einen Beamer zur Projektion eines Kunstwerks oder eines Werbebildes. Gerade hier stellt sich die Frage welche gesellschaftlichen Voraussetzungen dazu führen, etwas als Bild und das in einer ganz bestimmten Weise zum Ausdruck zu bringen.

5.1 Die Analyse zweidimensionaler Artefakte

- Der hypothetisch typisierte kognitive Kontext: So gesehen handelt es sich dabei um einen mentalen Kontext, der letztlich auf die im Bild repräsentierten Erfahrungen, Wissensbestände, Erinnerungen und Vorstellungwelten Bezug nimmt. Das entspricht zumindest teilweise den oben beschriebenen vor-ikonografischen, ikonografischen und ikonologischen Beschreibungen. Insofern geht es um die Vertrautheit mit den Bildelementen, den gewählten Sujets im historisch-konkreten Zusammenhang sowie um die repräsentierte Weltanschauung.
- Der rezeptive Kontext: Der soziale Kontext von Bildern ist immer auch ein rezeptiver Kontext des Bilderfassens und damit die interpretative Verarbeitung der Bildinhalte. Der erstreckt sich nicht nur auf die sachliche Dimension des Dargestellten, sondern insbesondere auf die sinnliche und emotionale Erfassung des Werkes (wie dies auch in der Ikonik der Fall ist). Den Kern bildet die Erfassung der Bildinhalte, wobei der Blick über das Bild wandert, dabei die Inhalte kognitiv verarbeitet, womit sich immer neue Facetten eröffnen, insbesondere wenn man die Emotionalität des Eindrucks und bewusste Überlegungen über mögliche Bedeutungen einbezieht. Dabei ist die Anordnung der Bildelemente und die damit verbundene Lenkung des Blicks ein wesentlicher Faktor für die Analyse. Trotz mancher Ähnlichkeiten in der Rezeption ist ein Bild für RezipientInnen je nach der Herangehensweise immer ein anderes (z.B. Wissen über symbolische Bedeutungen im Bild), wobei Kunststile verschiedene Betrachtungsweisen erfordern (etwa Manierismus, Karikatur), oder auch die Distanz zum Bild die Wahrnehmung verändert (wie dies etwa bei der zunehmenden Farbverschmelzung mit dem Abstand zu einem pointillistischen Bild oder einem Rasterdruck der Fall ist), die in der Interpretation zu berücksichtigen sind.
- Der Analysekontext: In diesem stellt sich die Frage, warum ein handwerklich hergestelltes zweidimensionales Werk überhaupt ein relevantes Datum in einem Forschungszusammenhang darstellt. Dafür kann es viele Anlässe geben: Die Galerie ehemaliger Rektoren im Festsaal einer Universität (in Hinblick auf die organisationale Erinnerungskultur), die Sammlung von Kunst in einem Museum (in Hinblick auf die Relevanz von Kunstströmungen, die Werkgeschichte von KünstlerInnen oder die Repräsentation von Kulturepochen), die Kinderzeichnungen an der Wand eines Wohnzimmers (in Hinblick auf Familienzusammenhalt) oder Plakate im öffentlichen Raum (in Hinblick auf Mobilisierung). Insofern bestimmt erst einmal das Forschungsinteresse, inwiefern Bilder wichtige Beiträge zur Erkundung der Forschungsfragen leisten können.

Folglich fungiert die Ikonologie im Zuge der Artefaktanalyse sinnvollerweise als Einstieg, bildet aber nicht mehr das Zentrum der Interpretation, welche sich mehr dem Kontext des Bildes zuwendet. Zur Bildanalyse gibt es eine Reihe von Interpretationsverfahren, wie etwa von Breckner (2010), Müller-Doohm (1993), Heinze-Prause und Heinze (1996) oder Englisch (1991).

Ein Sonderfall soll aber noch zusätzlich angeführt werden, nämlich die Herstellung von Vignetten, die als Skizzen angefertigt werden können, welche im Rahmen von Interviews eine Gesprächsgrundlage bilden. In diesem Fall sind die handwerklich hergestellten Zeichnungen zum einen ein Resultat vorhergehender Analysen eines sozialen Feldes und zum anderen werden sie verwendet, um die Rezeption und die dabei ausgelösten Assoziationen zu untersuchen. Insofern sind solche Artefakte in der Herstellung Bestandteil des Forschungsprozesses und werden als gegenständliche Anreize für Geschichten verwendet, um die differenzierten Perspektiven der AkteurInnen in einer sozialen Situation zu erkunden. In vielen Fällen repräsentieren solche Vignetten typisierte Situationen (als Bild, Zeichnung oder Kurztext) um zu erkunden, wie Situationen sowie die darin als relevant erachteten Gegenstände oder Personen und deren Bedeutung definiert werden und wie diese mit Handlungen oder der Dynamik dieser Situation korrespondieren.

b)   Fotos als alltägliche visuelle Repräsentation:
Fotos beruhen auf einer völlig anderen Aufzeichnungs- und Darstellungstechnik: Während handwerklich gefertigte Bilder ein spezifisches Können der HerstellerInnen (insbesondere KünstlerInnen) erfordern, beruhen Fotos auf einer Lichtaufzeichnungstechnik und werden solcherart maschinell hergestellt, mitunter überarbeitet und auf einem spezifischen Trägermaterial (z.B. Fotopapier, Druckpapier, Bildschirm) dargestellt oder auf ein solches projiziert (z.B. Beamer). Fotografien gewährleisten eine (je nach Aufzeichnungstechnik) genaue Detailabbildung, sie können inzwischen ohne viel Vorwissen erzeugt und präsentiert werden, die entsprechenden Apparate sind kostengünstig verfügbar, wobei heute bereits jedes Smartphone mit einem Fotoapparat ausgestattet ist. Fotos sind einfach reproduzier- und verteilbar, sie sind darüber hinaus leicht manipulierbar (insbesondere digitale Aufnahmen), dokumentieren Momentaufnahmen und sind einer wiederholten (auch wissenschaftlichen) Betrachtung zugänglich. Darüber hinaus machen sie unter bestimmten Bedingungen (z.B. technische Ausstattung) für das menschliche Auge Unsichtbares sichtbar (z.B. Infrarot- oder Makroaufnahmen), brauchen aber mitunter eigene Geräte zu deren Betrachtung (z.B. Computer, Projektor, Handy).

Für die empirische Sozialforschung sind Fotografien aus vielen Gründen ein hervorragendes Datenmaterial:

- Die spezifische Aufzeichnungstechnik macht Fotos zu einem vortrefflichen visuellen Dokumentationsmaterial. Dieses bietet eine Reihe ganz unterschiedlicher Informationen für die Forschung (Collier 1995, S. 246, Denzin 1989, S. 227f.): über Objekte und dem physischen Kontext sozialer Phänomene (z.B. Wohnungseinrichtung, Spuren); über Erscheinungsformen der Menschen (z.B. Portraits, Gruppenfotos) oder proxemische Informationen bezüglich räumlicher Distanzen oder räumliche Beziehungen zwischen Personen; über die Körperhaltung (auch in besonderen Situationen) und nonverbalen Aspekten der Kommunikation; über den Kontext von Geschehnissen und Interaktionen (z.B. Weitwinkelaufnahmen) und deren zeitlichen Verlauf (bei der Anfertigung von Zeitreihen); oder über Hintergrundinformationen zu sozialen Beziehungen.

- Darüber hinaus sind Fotografien in unserer Gesellschaft seit vielen Jahren fast universell verbreitet, sodass sie ein hervorragendes, aber kaleidoskopartiges Zeugnis der Gesellschaft und ihrer Entwicklung abgeben. Fotos zeigen nicht einfach Gegenstände, Menschen oder verdeutlichen Milieus, sondern sind mit Darstellungsinteressen verbunden, die bis hin zum Instrument der politischen Anklage reichen (z.B. Evans 1997; Stumberger 2007; oder die Fotografien von Hine 1996). Schon vor über hundert Jahren hat Riis (1998, 1997) zwei mit Fotos illustrierte Bücher über die Lebensverhältnisse in den Slums von New York publiziert und Hine (Hine 1980, S. 112) hat aufgerufen, im Kampf um eine gerechtere Gesellschaft die Lebens- und Arbeitsverhältnisse zu dokumentieren. In den Medien bekommt man täglich Fotos dokumentierter Unfälle, Katastrophen, Kriegsschauplätze vorgeführt und die meisten Prospekte bilden die angepriesenen Produkte ab. Inzwischen sind weltweit in vielen Haushalten Fotos verfügbar, die häufig besondere Ereignisse dokumentieren (z.B. Urlaub, Hochzeit), während viele Jugendliche Alltagsfotos über ihre sozialen Netze verteilen.

- Die Selektivität der fotografischen Perspektive ist dabei ein besonders interessantes Detail, weil sie von der Darstellungskompetenz abstrahiert, hingegen den spezifischen Blickwinkel in einem ganz bestimmten Moment einfriert, diesen in das Zentrum stellt (siehe Berger 1980, S. 292) und damit bestimmte Darstellungsinteressen verfolgt (besonders deutlich in der Werbefotografie). Nach Bourdieu (vgl. Bourdieu et al. 1983, S. 85ff.) fixieren Fotos den gesellschaftlichen Blick auf bestimmte Phänomene und offenbaren so wesentliche Elemente der Wirklichkeitskonstruktion und deren Vermittlung. In diesem Sinne macht die Selektivität dessen, was Menschen für dokumentierenswert halten und welche Gestaltungsperspektive sie für ihre Aufnahme wählen, zu einem Instrument der Analyse von Aufmerksamkeiten und Relevanzen einer kulturell bestimmten Sichtweise.

Fotos eröffnen nicht nur einen weiten Blick in die Gesellschaft, sondern das Fotografieren selbst kann als Forschungsinstrument unterschiedliche Funktionen erfüllen: (a) Fotografieren kann allgemein ein wichtiges Dokumentationsinstrument darstellen. (b) Forschungsstrategisch eingesetzt, können Fotos den raschen explorativen Überblick über ein Forschungsfeld erleichtern (zum Fotosurvey, Mapping und Kulturinventar siehe Collier und Collier 1992, S. 17ff.). Dafür können drei Strategien gewählt werden (wobei die jeweilige Richtung auch umgekehrt werden könnte): erstens der Weg vom Überblick in das Detail, um Kontextualisierungen vorzunehmen (z.B. Luftbild, Gesamteindruck einer Gemeinde bis hin zu einzelnen Gebäuden, Gärten und dann die entsprechenden Details); zweitens der Weg vom öffentlichen Leben in die Privatsphäre (z.b. öffentliche Plätze, Straßen über halböffentliche Bereiche wie Restaurants hin zu privaten Sphären der Familiensituation); und drittens der Nachvollzug der Funktionsstruktur (z.b. vom Anfang eines Prozesses bis zum Ende oder die verschiedenen Funktionen). (c) Fotografieren kann als auffällige Tätigkeit im Dienste der Zugangseröffnung und Generierung von Folgeaktivitäten stehen. Fotografieren und Fotografien werden solcherart zu Mitteln im Forschungsprozess (z.B. Erregen von Aufmerksamkeit und Interesse), wobei sich die Fotos später als Gesprächsmaterial (etwa im Rahmen von Fotointerviews Collier 1995, S. 245, Collier und Collier 1992, S. 99ff.) verwenden lassen, um die Fotos (z.B. von den Fotografierten, Betroffenen) erläutern zu lassen. (d) Aber man kann das Fotografieren auch den AkteurInnen im Untersuchungsbereich übertragen: entweder, indem man ihre Sicht dokumentieren lässt (z.B. Perspektiven unterschiedlicher Akteursgruppen) oder indem man bestimmte Situationen oder Phänomene für ein Foto inszenieren lässt (das fordert die Betonung zentraler Elemente des Phänomens heraus; etwa die fotografische Inszenierung von Einsamkeit).

Die Eigenheiten von Fotos machen einige Aspekte für die Artefaktinterpretation besonders wichtig:

- Da Fotos niemals ein ‚natürliches' Abbild geben, sondern ein massiv überformtes, ist es wichtig, die Bedeutung der Selektivität der fotografischen Perspektive gesondert zu berücksichtigen: die technischen Abbildungsbedingungen (z.B. Kamera, Objektiv, Filter, Aufnahmeempfindlichkeit, Bildsensor); die Wahl des Darstellungsmediums (z.B. Papier, Bildschirm und deren Größe); die Wahl des Abgebildeten; die Selektivität der eingenommenen Aufnahmeperspektive (z.B. Distanz, Brennweite, Höhe, Bildausschnitt); die Wahl des Augenblicks als Kompositionsmerkmal (z.B. Sonnenaufgang, peinlicher Moment); die zeitliche Dimension (etwa Langzeitbelichtung); die Entscheidung über manipulative Eingriffe in der Aufnahmesituation (z.B. Arrangieren eines Hochzeitsfotos) oder in der Darstellung (z.B. nachträgliches Einkopieren oder Entfernen von Personen, Veränderungen der Farben).

5.1 Die Analyse zweidimensionaler Artefakte

- Fotos sind immer selektive Inszenierungen, die Bestimmtes in den Vordergrund rücken und anderes ausblenden. Daher ist nicht nur die Sachverhaltsdarstellung wichtig, sondern die Rekontextualisierung der Inszenierungsbedingungen (z.b. Selbstpräsentation vor der Kamera – auch als ‚Selfie'; versteckte Aufnahme), aber auch die spezifischen Auslöser von Stimmungen oder die hergestellten Beziehungen sind hier zu berücksichtigen. Dazu gehören die Aufnahmemotive und die spezifischen situierten Darstellungsformen (z.b. das Arrangement eines Hochzeitsfotos; fotografische Kriegsberichterstattung; Stimmungsbilder im Rahmen der Sozialfotografie).
- Bilder weisen eine narrative Struktur auf, indem sie Geschichten andeuten, Erinnerungen anregen, Informationen anbieten. Deshalb macht es Sinn, sich in die Welt des Bildes einzuleben (H. S. Becker 1986, S. 232f.), wofür sich die Projektion von plausiblen Geschichten anbietet, um die Stimmung und Emotionalität eines Fotos zu erkunden. Zwei Komponenten sind dafür besonders wichtig, nämlich zum einen die Unterstellung einer Normalitätsfolie, welche angibt, wie die Sinnhaftigkeit des Bildes definiert wird, und zum anderen die Wirkung der sozial angeeigneten visuellen Grammatik, in der wir uns im Alltag bewegen. Diese narrative Struktur ist auch deshalb so bedeutsam, weil viele Fotos (insbesondere in der Werbung oder in der Politik) manipulative Funktionen erfüllen: Sie gaukeln eine Form objektiver Realität vor, wenngleich sie sorgfältige Inszenierungen darstellen, die eine spezifische Wirkung (egal ob Abschreckung oder Sympathie) erzeugen sollen, wobei die Elemente des Fotos sorgfältig zusammengefügt und bearbeitet werden. Insofern ist diese narrative Struktur in einen Gesamtkontext des Fotografierens, des Gestaltens und der Verwendungsmotive integriert.

Generell ist zwischen natürlichem Fotomaterial und jenem zu unterscheiden, das durch ForscherInnen oder auf Anregung von ForscherInnen hergestellt wird. Ersteres repräsentiert die Relevanzsysteme des Feldes, während Zweiteres eine eigenständige Perspektive je nach ihrer Forschungsfunktion vermittelt. Darüber hinaus ist es vielfach ratsam, auch die Fotorezeption einzubeziehen, was sich durch Fotointerviews bewerkstelligen lässt.

c) *Filme und Videos als Prozessdarstellungen:*

Filme oder Videos sind nicht bloß bewegte Bilder, die im Film laufen gelernt haben (wie im Daumenkino), sondern stehen in einem weitgehend dynamischen Kontext, der Inhalte auf eine andere Weise transportiert, eine zeitliche Struktur aufweist und in der Regel auch noch mit Ton unterlegt ist. Daher macht nicht die Vielzahl an Einzelbildern ihre Komplexität aus, sondern die Prozessstruktur und die Vielschichtigkeit der Aufnahme. So sind Aufnahmen aus Videoüberwachungsanlagen wenig komplex und dienen meist der Dokumentation von Abläufen, Ereignissen und Handlungen an bestimmten Orten, während Kinofilme in der Regel eine deutlich höhere Darstellungskomplexität aufweisen.

Wenngleich Ähnlichkeiten mit Beobachtungsanalysen naheliegen, so besteht doch der gravierende Unterschied, dass im Film eben keine laufenden Handlungen beobachtet werden, sondern eine spezifische Form der Abbildung von Wirklichkeit analysiert wird. In dieser definieren nicht die BeobachterInnen den Beobachtungsstandpunkt, weil dieser bereits in der filmischen Darstellung vorweggenommen ist. Auch die begleitende hörbare Welt ist eine, die technisch modifiziert und möglicherweise vollständig künstlich zugefügt ist (wie Filmmusik oder synchronisierte Sprache). Auf diese Weise ziehen uns Filme in den Bann, vermitteln uns spezifische Blickwinkel und Stimmungen, die uns mitunter (insbesondere im Fall dreidimensionaler Darstellungen oder Virtual Reality Brillen) vorgaukeln, selbst in das Geschehen involviert zu sein. Videos sind auch deshalb sozialwissenschaftlich höchst spannende Materialien, weil sie den modernen Alltag weitgehend durchdringen: Viele Personen machen Aufnahmen von sich und ihrer Umwelt in sozialen Medien verfügbar, selbst während kriegerischer Auseinandersetzung finden sich Aufzeichnungen, die unter höchst riskanten Umständen produziert wurden. Ebenso mannigfaltig sind die Verwendungsbereiche, weil sie noch stärker als Fotos mit Wahrheitsvorstellungen verbunden sind und sich von einer einfachen Information in den Nachrichten, zur Untermalung von Informationen, für Erpressungsversuche mit kompromittierenden Material bis hin zur einfachen Unterhaltung eignen (Fallstudien zum Fernsehen finden sich etwa in Keppler 2015).

Filme und Videos lassen sich vielfältig in Forschungsarbeiten integrieren: (a) Bereits verfügbare Aufnahmen (wie etwa Überwachungsaufzeichnungen, Spielfilme, Dokumentarfilme, Fernsehshows, Werbefilme, Privataufzeichnungen) machen verschiedenste Konstruktionen von typischen Wirklichkeitsdarstellungen verfügbar. (b) In Forschungsprojekten können sie der Dokumentation von Sachverhalten, Ereignissen und Verläufen (auch als Ergänzung von Beobachtung) dienen (z.B. „Trance and Dance in Bali" von Gregory Bateson und Margaret Mead). Heute werden im Rahmen von Videografien gerne alltägliche Situationen für eine genaue Analyse dokumentiert (siehe Knoblauch et al. 2006; Reichertz und Englert 2011). (c) Filme können auch als Projektionsmaterial für Rezeptionsanalysen herangezogen werden, etwa im Rahmen interkultureller Forschung, um Gemeinsamkeiten und Unterschiede in der Rezeption von Darstellungen, Situationen und Handlungen zu untersuchen (z.B. Wulff 1995). (d) Darüber hinaus können Filme und Videos auch selbst ein Produkt der Forschung sein, indem man Erkenntnisse auf visuelle Weise aufbereitet (insbesondere sprachlich unzureichend darstellbare Inhalte).

5.1 Die Analyse zweidimensionaler Artefakte

Für die Analyse dieses beweglichen visuellen Materials sind verschiedene Interpretationsverfahren greifbar (z.B. Korte 2010; Kuchenbuch 2005; zur Videografie siehe Moritz 2014), wobei für eine interpretative Sozialforschung hermeneutische Ansätze von besonderer Relevanz sind (Keppler 2006; Knoblauch et al. 2006; Raab 2008). Dabei finden sich meist drei Grundelemente der Interpretation: (a) die Erstellung eines genauen Filmprotokolls (Bild- und Tonpartitur); (b) die Sequenzialität der Interpretation; und (c) die besondere Berücksichtigung von Szenen oder Ausschnitten, die als besonders relevant oder aussagekräftig erachtet werden.

Für die Analyse stellt sich auch hier die Frage, inwiefern sich aus diesem Material gesellschaftliche Prozesse, individuelle und kulturelle Wahrnehmungsweisen oder auch sozialisatorische Funktionen rekonstruieren lassen – also welche Kulturphänomene ein Film repräsentiert, warum er produziert, angesehen, gekauft oder ignoriert wird und wie er in die Gesellschaft wirkt. Aus der Perspektive einer Artefaktanalyse bietet sich speziell die Berücksichtigung folgender Aspekte an:

- Die Art der Zuordnung, in der diese Artefakte gehandhabt werden (Filmgattungen oder Genres): Im vorliegenden Zusammenhang wird diese Zuordnung auf alle Filme bzw. Videos bezogen. Insofern bildet das Genre eine Art Sinnbezirk, für den Deutungsmuster verfügbar sind und durch die ansonsten nur bedingt verständliche Inszenierungen ihre Plausibilität erhalten. Dazu zählen etwa die Themenbereiche (z.B. Dokumentarfilm, Selbstdarstellung, Kriminalfilm, Komödie, Werbung, Musik), die Erzählform (z.B. Komödie, Drama, Anleitung, Bericht), die Grundstimmung (z.B. Spannung, neutrale Information, Unterhaltung) oder der spezifische subkulturelle Kontext (wie etwa Bollywood-Filme, Youtube-Inszenierungen).
- Die Position hinter der Kamera: Hier stellt sich die Frage, welche Intentionen dabei verfolgt wurden (z.B. Selbstinszenierung, Hochzeitsdokumentation, Profit), in welchen Produktionszusammenhängen sie hergestellt wurden (z.B. Independentfilme, private Urlaubserinnerungen) oder mit welcher Technik (Kamera, Objektive, Drohnen) welches Material (Filmmaterial, digitale Aufzeichnung, Verfügbarkeit für Betrachter) auf welche Weise (bewusst inszeniert, Zufallsaufnahme) für einen Film produziert wird und welche Form von Selektivität zum Ausdruck kommt (z.B. wird im Fall professionell gestalteter Videos immer viel mehr Material aufgenommen als im geschnittenen Film verwendet).
- Die Position vor der Kamera: Hier präsentiert sich die Welt des Films, wobei die AkteurInnen mehr oder weniger im Bewusstsein der Aufnahme ihre Handlungen setzen. So agieren die SchauspielerInnen in Spielfilmen nach genauen Anweisungen, wobei zur Optimierung des intendierten filmischen Effekts die Szenen oft vielfach wiederholt werden. Überwachungskameras können bei

jenen, denen die Kameraposition bekannt ist, angepasstes Handeln oder auch das Verbergen möglicherweise negativ sanktionierbarer Handlungen provozieren und unerkannte Überwachungskameras halten vielleicht Szenen fest, die vielleicht so nicht offen stattfinden würden. Sichtbare Kameras verführen zum Posieren, also zur Selbststilisierung, während die Kameraposition immer angibt, was sichtbar ist und was verborgen bleibt.

- Die Position während der Bearbeitung: Meist wird das Material für die Präsentation nachträglich bearbeitet (etwa für Youtube formatiert, Videoschnitt, Bild- und Toneingriffe). Hier geht es darum, den letztlich präsentierten Ausschnitt zu wählen, die verschiedenen Szenen zu einer neuen Geschichte zusammenzufügen, mit Musik, Tönen oder Sprache zu hinterlegen. Während Dokumentarfilme mitunter vorgeben, die Realität einzufangen (auch wenn Tier- und Landschaftsdokumentationen vorrangig die besonders prächtigen Aufnahmen vorstellen, die man normalerweise in der Natur nie zu sehen bekommt und das aus den ungewöhnlichsten Perspektiven), so bleiben sie Inszenierungen, die eigenen Regeln folgen. Und genau jene Regeln und die Gründe zu deren Anwendung gilt es herauszuarbeiten. Die Filmbearbeitung ist daher immer die Konstruktion einer eigenen, manipulierten Eindruckswelt.
- Die Position der situierten Betrachtung: BetrachterInnen setzen sich der Präsentation aus, was nicht völlig neutral erfolgt, sondern in einem situativ besonderen Kontext. Das gemeinsame Erleben im Kino ist daher etwas anderes als das Betrachten eines Videos am Handy und mit Kopfhörern auf einem stillen Sitzplatz. Ebenso ist eine politische Dokumentation für politisch Interessierte von ganz anderer Bedeutung (insbesondere wenn sie Themen aufgreift, die jemand als besonders brisant oder bedrohlich einschätzt) als für politisch indifferente Personen. Insofern ist die Rezeption ein wesentlicher Bestandteil von Filmen, die häufig reflexiv auf diese Position Bezug nehmen. Deshalb wünschen sich viele Youtube-FilmerInnen möglichst viele Klicks und positive Bewertungen.
- Der enge Filmkontext: Dieser ist bedeutsam, weil im Hintergrund häufig Technologien, Produktlinien, Werbestrategien und Märkte stehen. Dazu zählen auch das Product Placement oder die Vorbereitung für Festivals, unterschiedliche Filmversionen (z.B. für Kino oder DVD), die private Videoherstellung, Aufnahmen zu Überwachungszwecken oder die Abstimmung auf ein Publikum zur Erreichung hoher Einschaltquoten. Insofern ist zu erkunden, in welchem Kontext die Herstellung und Präsentation erfolgen.
- Die Verbreitung von Vorstellungen: Filme werden nicht in einem neutralen Raum hergestellt oder angesehen, sie unterliegen spezifischen Regelungen (z.B. die Exklusion von Altersgruppen aus der Betrachtung) und vermitteln Normen, Werthaltungen, Abgrenzungen oder Handlungsorientierungen. In diesem

Zusammenhang ist zu berücksichtigen, in welcher Beziehung diese zur Gesellschaft stehen und welche Funktion sie im gesellschaftlichen Kontext übernehmen.

5.2 Raumgestaltung

Räume unterliegen vielfältigen Gestaltungen durch Menschen: Das beginnt mit der Landschaft, die für eigene Zwecke ausgebeutet (z.b. Steinbrüche, Holzeinschläge), kultiviert (z.b. Getreideanbau, Wiesen), eingehegt (z.b. Gärten), nach ästhetischen oder planerischen Gesichtspunkten neu erstellt (z.b. Parkanlagen) oder einfach nach funktionalen Aspekten verändert wird (z.b. Flussbegradigungen). Aber auch öffentliche Räume in Wohngebieten mit den Straßen, Gehwegen, Blickwinkelnn, Bauhöhen und vielen gestalterischen Elementen zeigen mannigfaltige kulturelle, soziale oder einfach funktionale Komponenten. Von den Gebäuden, die architektonisch durchgeplant sind, reicht das Spektrum bis zu den Wohn- und Arbeitsräumen oder auch Räumen, in denen spezifische Aktivitäten stattfinden. All das lässt uns das Umfeld als anregend oder störend, einladend oder abweisend erscheinen und definiert verschiedene Lebenssphären. Zur Analyse von Raum finden sich eher spezialisierte Werke über bestimmte Aspekte daraus: Besonders hervorzuheben sind hier die Architektur (z.b. Fischer und Delitz 2009; Steets 2015), das öffentliche Leben (z.b. Gehl und Svarre 2013) oder Werke, die sich mit der Urbanität auch in Verbindung mit Stadtplanung befassen (z.b. Jacobs 1993; Fritz und Tomaschek 2015), in Hinblick auf die Gestaltung von Arbeitsräumen (z.B. Petendra 2015, Amstutz und Schwehr 2015) oder bezüglich Wohnräumen (z.b. Baudrillard 1991, S. 23ff.).

Allerdings ist Raum begrifflich nicht einfach ein unspezifischer Raum, sondern dieser lässt sich weiter ausdifferenzieren: Als Raum im hier verstandenen Sinn (also nicht als geografischer Raum, als Behälter oder als konkretes Zimmer) ist er abstrakt und unspezifisch. Insofern ist er offen gegenüber der Konstitution von abgegrenzten und gestalteten Orten oder gegenüber einer Besitznahme oder Nutzung als Territorium für bestimmte Gruppen oder als Raum für spezifische Aktivitäten. Dieser physische und soziale Raum ist als Abstraktum für die Artefaktanalyse dann von Interesse, wenn es darum geht, die sozialen Komponenten der Raumkonstitution, der Raumaneignung oder der Füllung des Raumes mittels Artefakten und der Gestaltung der mit dem Raum verbundenen Artefakte zu analysieren.

Begrifflich ist der Ort schon sehr viel deutlicher umgrenzt, indem er sich auf eine spezifische Ausdehnung und positionale Verankerung im Raum bezieht, wobei die Grenzen häufig mit Artefakten (Zaun, Mauer, Ortsschild, Linie auf einem

Plan) markiert sind. Diese Orte im Raum sind deshalb von Interesse, weil sie untrennbar mit der Gesellschaft und im sozialen Verhalten der Menschen verankert sind: Orte werden im Raum durch Limitierung konstituiert, wobei Artefakte vielfach nicht nur die Grenzen abstecken sondern den Raum strukturieren. So konkretisiert sich etwa ein Ort als freier, jedoch von Gebäuden umgrenzter Platz, in dem sich spezifische Aktivitäten entfalten können (etwa geschützter Spielraum für Kinder). Dabei beeinflussen diese durch Artefakte repräsentierten oder durch sie erzeugten Raumstrukturen (also Aufteilung in Orte, Wahrnehmungsorganisierung) die Handlungsweisen. Man merkt das ganz deutlich an einem typischen Büroarbeitsplatz in der Art eines Zellenbüros: Der Zugang zu diesem Ort wird durch eine Tür geregelt, die Arbeitsverrichtung wird auf die Bürofläche zentriert, die Kontaktmöglichkeiten werden durch die Art der Schließung (z.b. Mauern oder gläserne Wände; offene oder geschlossene Türen) oder die Einrichtung des Büros gestaltet (z.b. Besprechungstisch, Größe, durch Stühle vordefinierte Sitzordnung) und der Einblick oder die technische Ausstattung (etwa Überwachung der Computeraktivitäten) ermöglichen die Kontrolle der darin stattfindenden Aktivitäten. Viele dieser Elemente der Regulierung von Aktivitäten werden von ArchitektInnen, BüromöbelproduzentInnen geplant und hergestellt, reproduzieren also bestimmte Vorstellungen bezüglich der Büroarbeit und strukturieren den sozialen Raum innerhalb eines Gebäudes. Entsprechend unterschiedlich können solche Arbeitsplätze auch gestaltet sein (Petendra 2015; Gerhardt 2014).

Das Territorium wiederum umfasst einen räumlich umgrenzten Einflussbereich, in dem spezifische Aktivitäten entfaltet werden und die eine sehr enge Verbindung mit Macht und Herrschaft aufweisen. Es handelt sich dabei um eine eigene Raumdimension, die in der Regel vielfach ebenfalls mit Artefakten markiert wird. Auch das lässt sich an ganz einfachen Dingen erkennen: Das Handtuch am Badestrand markiert die temporale Besitznahme eines Territoriums und signalisiert anderen, diesen Ort und dessen Nutzung durch eine bestimmte Person(engruppe) zu respektieren. Ein Gartenzaun signalisiert folglich nicht nur die Grenzen eines spezifischen Ortes, sondern auch die Verfügungsgewalt durch jene, die Anspruch auf das Gebiet innerhalb des Zaunes erheben und gegen mögliches unbefugtes Eindringen schützen. Und im Arbeitsalltag wären viele BüroarbeiterInnen mit einem fixen Arbeitsplatz vermutlich zumindest überrascht, wenn jemand anderer diesen Platz nicht nur einfach nutzt, sondern auch die Gegenstände am Schreibtisch neu organisiert.

Die räumliche Komponente macht es sinnvoll, auf einige Besonderheiten dieser Artefakte zu achten, die folgende Punkte berücksichtigen sollten:

5.2 Raumgestaltung

- Die allgemeine Raumstrukturierung: Die zentralen Fragen in Hinblick auf die Organisierung des Raumes lauten vor allem, wer bzw. welche AkteurInnen den Raum strukturieren, wofür und für wen sie diesen vorsehen und warum es wichtig ist, diesen zu strukturieren und letztlich, durch welche Artefakte sie dieses bewerkstelligen. Im ersten Schritt ist in der Analyse zu prüfen, wie Artefakte Orte im Raum konstituieren und welche Rolle die Artefakte dabei spielen. Darüber hinaus ist auch zu prüfen, inwiefern sich dabei möglicherweise auch Bezüge zu Territorien ergeben, in denen Artefakte Funktionen zur deren Herstellung, Sicherung oder Veränderung leisten.
- Die Zugänglichkeit von Orten und Territorien: In diesem Kontext geht es darum, inwieweit der Raum für alle zugänglich ist oder ob Menschen Zugangsbarrieren geschaffen haben, die eine selektive Nutzung erlauben und andere davon aussperren. Ähnlich verhält es sich mit Wegen, Gängen oder Brücken, die den Raum erschließen und damit zugängliche von unzugänglichen Bereichen unterscheiden. Eine Frage bei der Analyse von Raum ist daher jene nach der spezifischen Gestaltung der Zugänge und der inneren Erschließung des gestalteten Raumes.
- Die Ausdehnung von Raumstrukturen: Landschaft oder auch Gebäude lassen sich auch anhand ihrer erschlossenen Ausdehnung differenzieren, die wiederum mit den ausgelösten Imaginationen verknüpft ist. Während eine Landschaft noch keine expliziten Grenzen aufweist (eher Hindernisse oder Übergänge), ist das bei der Strukturierung in Grundstücke oder Landesgrenzen schon anders. Sie unterteilen den Raum in Einheiten, weshalb sich die Frage stellt, vor welchem Hintergrund diese Ausdifferenzierung des Raumes durch Grenzziehung in Orte und Territorien erfolgt. Auf diese Weise ist ein kleines Häuschen auch von der Vorstellung etwas völlig anderes als eine großzügig erbaute Villa, ein kleines Bürogebäude schafft ein anderes Arbeitsklima als eine riesige Fabrikhalle. Auch wirkt ein kleiner umzäunter und gemieteter Schrebergarten anders als ein riesiger barocker und öffentlich zugänglicher Schlosspark. Altbauwohnungen in Wien unterscheiden sich auch in der Raumhöhe von neuen Wohnungen mit Standardhöhe – was nachhaltig das Wohngefühl (aber auch die Heizkosten) verändert. In diesem Fall erkundet man in der Artefaktanalyse die Bedeutung der räumlichen Ausdehnung und deren Strukturierung.
- Die Verbindung zwischen raumkonstituierenden Artefakten und der Gesellschaft: Räume sind Folgen jener Regeln und Handlungsmuster, die sie konstituieren. Insofern stellt sich die Frage, wie bestimmte Artefakte zu ihrer raumkonstituierenden Funktion kommen. So machen Stacheldrahtzäune nur Sinn, wenn man Menschen oder Tiere entweder einschließen oder ausschließen möchte und dafür die Verletzungsmöglichkeit bei einem möglichen Übertreten

nicht nur in Kauf nimmt, sondern diese systematisch vorsieht. Die Einrichtung wiederum strukturiert Nutzungszonen und unterstützt vorgesehene Aktivitäten und auch deren Kontrolle – und häufig müssen sie auch gepflegt und betreut werden (z.b. Rasenpflege am Fußballplatz, Parkplatzbewachung, Reinigung). Viele Artefakte legitimieren Ortsabgrenzungen oder die Verwendung von Territorien, indem sie etwa gesetzliche Ansprüche dokumentieren und den Zugriff auf das Rechtssystem zu deren Durchsetzung auch unter Gewaltanwendung dokumentieren (etwa Mietverträge oder Besitzurkunden).

- Die Füllung des Raumes: Von Menschen geschaffene Räume sind nicht einfach leere Räume, sondern mehr oder weniger mit Dingen befüllt. Egal ob es Obstbäume in einem kleinen Garten sind oder die Vielfalt von Pflanzen in einem botanischen Garten, ob es sich um leere Bühnen oder um vollgestopfte Lagerräume, um funktionale Büros oder repräsentative Empfangsräume handelt: Immer hat die Ausstattung etwas mit der Funktion und mit symbolischer Vermittlung zu tun. Insofern stellt sich hier die Frage, welche Bedeutung die spezifische Ausstattung des Raumes hat und wie sie mit alltäglichen Praktiken verbunden ist. Im Alltag sind das etwa auch die Platzierungen der Menschen, wenn sie etwa mit Mitbewohnern eine Wohnung beziehen oder sich im gemeinsamen Büro einrichten und ihre Territorien abstecken oder Verhaltensmuster etablieren.
- Die Blickorientierung: Räume orientieren den Blick, was in der Architektur und in der Gestaltung öffentlicher Räume unmittelbar einsichtig wird. Das gilt auch für soziale Kontrolle, die durch selektive Beobachtungsmöglichkeiten (egal ob in einem Gefängnis oder einem Beobachtungsraum) oder Transparenz (etwa Glaswände in einem Büro oder Besprechungsraum) geschaffen wird, oder den Blick auf den Raum durch die Ausrichtung technischer Geräte fokussiert (etwa Überwachungskameras oder Sensoren). Raumgestaltung ist also auch die Lenkung der Aufmerksamkeit – und mitunter macht sich die Ignoranz gegenüber diesem Aspekt in der Häufung von Unfällen an Straßenkreuzungen schmerzlich bemerkbar. Was im Theater mit der Lichtgestaltung des Raums ganz offensichtlich ist, findet in der Werbung ganz unauffällig den Weg in unser Unterbewusstsein. Unter diesem Punkt wird also ermittelt, wie und worauf der Blick gelenkt wird, wie dadurch Orientierung vermittelt wird und welche Bedeutung das für die soziale Organisierung des Zusammenlebens hat.
- Die Bewegung im Raum: Letztlich bewegen sich die Menschen im Raum. Hier sind es nicht nur die offiziellen Wege, die den Raum erschließen, sondern es sind die Bewegungs- und Handlungsoptionen, die in einem Raum möglich sind und auch die spezifischen Bewegungsmuster, die sich etablieren. Das sind auch die sozialen Verhältnisse, spezifische Ansprüche oder Rollen, die sich in

5.2 Raumgestaltung

den durch den Raum strukturierten Bewegungen manifestieren. Die meisten Hörsäle oder Seminarräume sind beispielsweise bezüglich der Aktivitäten vorstrukturiert: So richten vorinstallierte Beamer den Raum nach einer Richtung aus, Fenster begrenzen die Einrichtung und erzeugen eine spezifische Helligkeitsverteilung, und häufig lassen sich Bereiche für Vortragende und TeilnehmerInnen gut unterscheiden. Dabei zeigt sich die gebaute Didaktik anhand der Struktur dieser Räume. So gesehen ist eine entscheidende Analysefrage, wie der Raum auf die Aktivitäten der NutzerInnen wirkt.

- Die Erlebnisqualität des Raumes: Neben ihrer visuellen Komponente haben Räume eine Vielfalt an sinnlichen und emotionalen Qualitäten. Sie lösen differenzierte Gefühle aus (wie ein Theaterraum), weisen eine charakteristische Akustik auf (wie ein Konzertsaal oder ein schallgedämpfter Leseraum), zeichnen sich durch eine eigenwillige Geruchswelt aus (wie eine Imbissstube oder eine Toilette) und haben daher etwas mit einem differenzierten Empfinden verschiedener Gruppen zu tun. So sind bestimmte Bereiche in einem Gebäude (häufig Kellerstrukturen oder verwinkelte Gänge) oder in einem Park (z.B. abgeschiedene und verdeckte dunkle Zonen, die man bei Querung passieren muss) bei vielen Personen zu Nachtzeiten mit Angstgefühlen verbunden, insbesondere wenn diese Räume unbelebt sind oder von Personen frequentiert werden, mit deren Kultur man nicht vertraut ist und deren Verhalten man als schlecht kalkulierbar einschätzt. Kirchenräume vermitteln hingegen eine völlig andere Stimmung (meist ruhig, oft mit besonderer Akustik, mit bestimmten Gerüchen verbunden) und erfordern ein bedachtsames Verhalten, das je nach Religionszugehörigkeit und Religiosität variiert (meist heißt das z.B. ruhiges Verhalten, respektvolles Umgehen mit geweihten Artefakten, adäquate Kleidung). Große Einkaufszentren sind getrimmt auf ein Shoppingerlebnis, das durch eine anregende optische Gestaltung, durch eine ausgewählte Musikbeschallung und mitunter auch durch Duftkomponenten angereichert ist, wobei die ausgestellten Artikel zum Berühren anregen. Daher ist zu untersuchen, welche Erlebnisqualitäten von konkreten Räumen erwartet und welche vermittelt werden und inwiefern diese in das Raumerleben und die Raumnutzung eingehen (z.B. Diskotheken, Sportplätze, Wellnesszonen).

Diese Fragen in Hinblick auf die Artefaktanalyse zur Analyse von Raum verdeutlichen verschiedene Facetten der Raumgestaltung. Eine Parklandschaft ist etwas anderes als ein Kartoffelacker; und eine Luxusvilla signalisiert etwas anderes als eine Notunterkunft oder eine Gefängniszelle. Wichtig ist dabei, die verschiedenen durch Artefakte gestalteten Strukturierungen in ihrer Eigentümlichkeit ernst zu nehmen. Eine Landschaft mit ihrer natürlichen Eigendynamik trotz künstlicher

Eingriffe erfordert daher eine etwas andere Herangehensweise als öffentliche Räume, die Plätze für bestimmte Aktivitäten ausdifferenzieren, Architektur mit ihrem Ausdrucksrepertoire oder die Gestaltung von Wohn- oder Arbeitsräumen. Nicht zuletzt ist jedoch immer auch zu beachten, dass Raum zugleich Produkt und Rahmen sozialer Ordnungen oder sozialer Prozesse ist, was man sehr gut an den Bauten der höfischen Gesellschaft studieren kann (Elias 1983, S. 68ff.), an der Klosterarchitektur (z.b. Hattstein 2015) oder auch an der panoptischen Struktur eines Gefängnisses (Foucault 1977, S. 251ff.).

Zu beachten ist in diesem Zusammenhang die Doppelfunktion von Artefakten, die einerseits den Raum umgrenzen und befüllen und andererseits selbst den Raum bilden: Ein Park oder ein Gebäude sind selbst das Artefakt, wobei diese Artefakte auf komplexe Weise mit den sie umgrenzenden und in ihnen enthaltenen Artefakten zusammenspielen. Daher ist es im Rahmen einer Analyse sinnvoll, den Raum, den man untersucht, zu begehen. Plätze oder Orte weisen häufig eine spezifische Atmosphäre auf, der man sich für die Analyse sinnvollerweise durch die eigene Raumerfahrung annähern kann: Ein belebter Marktplatz vermittelt ein anderes Lebensgefühl als ein Verkehrsknotenpunkt. Im Theater bemerkt man das sofort anhand der besonderen Inszenierung eines Stücks, bei dem die Inbesitznahme des Raumes durch die SchauspielerInnen, die Ausstattung der Bühne, das Licht aber auch die Akustik eine wesentliche Rolle spielen und die Gefühlswelt berühren. Daher ist es wichtig, den Raum zu erleben – möglichst unter verschiedenen Bedingungen (z.B. unterschiedliches Wetter in einem Park, eine Fabrikhalle oder ein Lokal zu Zeiten mit verschiedensten Aktivitäten oder Aktivitätsniveaus). Insofern bietet sich gerade in diesen Fällen eine Kombination mit Beobachtungsverfahren an, die die Wechselbeziehung zwischen den Menschen und ihren Artefakten vertiefen lassen (siehe Abschnitt 6.2).

5.3 Technische Geräte

Werkzeuge und technische Geräte spielen schon seit tausenden Jahren eine wichtige Rolle in der Entwicklung von Gesellschaft (vgl. Mumford 1977, Gleitsmann-Topp und Kunze 2009; Troitzsch 1980). Dennoch hat sich gerade im letzten Jahrhundert eine Art der technischen Durchdringung des Alltagslebens ergeben, welche es nahezu unmöglich macht, diese im Zuge der Analyse moderner Gesellschaften zu ignorieren: Fahrräder, Autos, Flugzeuge, Schiffe oder Züge haben die Mobilität dramatisch erhöht, der Aufwand für Hausarbeit hat sich mit elektrischen Öfen, Waschmaschinen oder Geschirrspülern massiv reduziert, wir erhalten unsere Informationen durch Radio, Fernsehen, aus Zeitungen oder aus dem Internet und brauchen dafür jede Menge Technik, die das Arbeitsleben bis in entlegene Winkel durchdringt, die moderne Medizin ist ohne Technik fast nicht mehr vorstellbar und Kriege werden mit hochentwickelten Maschinen und technisch elaborierten Waffensystemen ausgetragen. Allerdings ist auffällig, wie Rammert (2007) konstatiert, dass es zwar viel soziologische Literatur zu Handeln und Wissen gibt, aber kaum zu Technik, obwohl dies aufgrund der Bedeutung der Technik für die Gesellschaft nicht nachvollziehbar ist. Die Komplexität technischer Einrichtungen macht im Rahmen dieser Ausführungen zur Artefaktanalyse nur eine sehr rudimentäre Annäherung möglich, die sich vorrangig mit unterschiedlichen Dimensionen einer Analyse befassen kann.

Technik, so konstatiert Häußling (2014) in seiner eher formal gehaltenen Techniksoziologie, wurde in der Geschichte unter vielfältigen Perspektiven untersucht. Beispielsweise begreift Marx (1979, S. 391ff.) Technik als Produktionsmittel, die geronnene Arbeit repräsentieren, wobei im Zuge der Entwicklung der Maschinerie die Werkzeug- und Antriebsarbeiten der Menschen ersetzt und durch Transmissionsmaschinen zusammengeschlossen werden – aber immer im Verbund mit kooperativer Arbeit. Bei Cassirer (1995, S. 39ff.) wiederum erscheint Technik in Form kollektiver Objektivationen zur Welterschließung und als dominierende Position in der Kultur, in der sich die Energie der gestaltenden Kräfte versammelt. Technik ist daher weit mehr als angewandte Naturwissenschaft, die sich nach außen wendet und in den Werken manifestiert, sondern entscheidend ist das technische Wirken, das zurück auf die Menschen verweist. Schumpeter (1987, S. 134ff.) hingegen sieht den Kern der Technik in industrieller Mutation, bei der im Prozess der schöpferischen Zerstörung Altes durch Neues ersetzt wird, wobei technische Innovationen (etwa im Produktionsapparat oder in der Energieversorgung) einen wesentlichen Beitrag zur ökonomischen Entwicklung leisten. Technik, so zeigen diese Beispiele, leistete also immer schon einen wesentlichen Beitrag zur Entwicklung der kulturellen oder produktiven Kräfte und war ein wesentlicher Faktor industrieller Rationalisierung, wie er schon frühzeitig im Scientific Management (Taylor 1917) oder in der Weiterentwicklung der Fabriksarbeit bei Ford (1923) in den Vordergrund trat.

Im Fall der Artefaktanalyse geht es weniger um die Einbettung des Artefakts in die Technikentwicklung, sondern um die Veränderungen der Gesellschaft, die mit dieser Entwicklung verbunden sind. Dafür bieten technische Artefakte einen ersten Ansatzpunkt, um aus deren Spezifika die Besonderheiten der Gesellschaft und das Handeln der Menschen in dieser zu rekonstruieren. Technische Geräte zeigen einige Besonderheiten, die man in der Artefaktanalyse berücksichtigen sollte. Das betrifft auch Alltagswerkzeuge, die nicht immer für alle Menschen als solche erkennbar sind (Spezialwerkzeuge) und deren vorgesehene Verwendung nicht naheliegt. Hier geht es um Produktionsformen, um Normierungen und um Verwendungszusammenhänge in spezifischen Kontexten.

Im Fall komplexer technischer Einrichtungen und Geräte, die in viele Bereiche des Alltags einsickern und die sich durch ihr spezielles Innenleben auszeichnen, erkennt man diese Besonderheiten sehr schnell. Mitunter geht das Zusammenspiel von Technik und Menschen so weit, dass es unklar ist, worauf bestimmte Aktivitäten und ihre Folgen zurückzuführen sind. Rammert (2007, S. 85ff, 128ff.) beschreibt das mit der Frage, wer ein Flugzeug fliegt: der Flugkapitän, der Autopilot, das Flugzeug, der Leitstrahl, das automatische Landesystem, der Fluglotse, die Fluggesellschaft, die Software, die Bordelektronik? Die enorme Vernetztheit macht es unmöglich, dem Flugkapitän die alleinige Flugkompetenz zuzuordnen, wenngleich das in einer ersten Alltagsreaktion nahe liegen würde. Es ist auch nicht so, dass dieser die Steuerelemente des Flugzeugs einfach bedient, sondern es ist das Zusammenspiel, das den Flug erst ermöglicht und dem Piloten vorgibt, worauf er bei den Messinstrumenten achten sollte und wie er die verschiedenen Steuerinstrumente handhabt. Dabei werden Menschen über technische Artefakte verbunden, die im Rahmen der technisch vorgesehenen Parameter handeln, die wiederum Konstrukteure unter Berücksichtigung vieler unterschiedlicher Aspekte (wie etwa psychologischer oder physikalischer) vorgesehen haben. Fliegen zu verstehen, heißt also das Flugzeug zu verstehen und jene Komponenten, die für den Betrieb nötig sind – und das steigert die Komplexität gewaltig, insbesondere dann, wenn man auch die Herstellung und die dafür nötigen Voraussetzungen (wie Technik, Wissen, Kompetenzen) berücksichtigt.

Daher ist es gerade für komplexe technische Artefakte wichtig, zu bestimmen, auf welche Teilaspekte man sich vorrangig konzentriert und welche Grenzen der Analyse man einzieht. Zwar wäre es grundsätzlich sinnvoll, die Analyse breit zu halten – aber, wie das obige Beispiel zeigt, würde in letzter Konsequenz die Analyse eines Flugzeugs nicht nur globale Netzwerke von Artefakten (schon in der Produktion) sondern auch die Komplexität der Entwicklung und Folgen der verschiedensten Teilaspekte im Umfeld des Artefakts nahezu ins Unendliche wachsen lassen und damit nicht mehr sinnvoll bewältigbar machen. Das erfordert eine Balance zwischen der Selektion relevanter Kontexte und selektiven Vernachlässigungen, um eine handhabbare und der wissenschaftlichen Fragestellung angemessene Analysestruktur zu etablieren. Die folgenden Ausführungen beziehen sich daher auf einige Dimensionen, die im Fall technischer Artefakte besonders berücksichtigenswert erscheinen:

- Die expliziten und möglicherweise impliziten Funktionen und Folgen technischer Artefakte: Die Frage nach den Funktionen komplexer Artefakte steht am Beginn. Es geht zum einen darum zu verstehen, warum diese Geräte in einer spezifischen Beschaffenheit erzeugt und auch verwendet werden. Gerade technische Geräte im Alltag erfüllen nicht nur rein funktionale Erfordernisse, sondern vermitteln deutlich mehr: Die Musikanlage ist dann nicht mehr nur dazu da, Musik zu hören, sondern es geht um die Feinheiten der Wiedergabe, was den Aufwand für Abspielgeräte, Verstärker oder Lautsprecherboxen und deren Verkabelung drastisch erhöhen kann. Plötzlich werden Marken, Designs und die neueste Gerätegeneration wichtiger als die Musik. Mühlen hatten im ausgehenden Mittelalter häufig auch nicht nur die Funktion des Getreidemahlens, sondern der Mahlzwang half den Grundherren, die Abgaben leichter zu ermitteln, indem die Ernte in den Mühlen zentral verarbeitet werden musste.

- Die Einzelkomponenten und ihre technische Integration: Einen Ausgangspunkt der Analyse eines komplexeren technischen Artefakts bildet in der Regel die Zusammensetzung aus einzelnen Teilen und deren Bedeutung für dessen Handhabung. Im Gegensatz zu einem Hammer ist ein Auto die systematische Kombination aus mehr oder weniger komplexen Teilsystemen, die verschiedenste Funktionen mit unterschiedlichem Autonomiegrad übernehmen: Während eine manuelle Schaltung die menschlichen Schaltbewegungen in das Getriebe übersetzt und der Blinker händisch gesetzt wird, erhöht das ESP (elektronisches Stabilitätsprogramm) durch autonome Eingriffe in das Bremssystem und das Motormanagement die Stabilität eines Fahrzeuges, wobei verschiedene Systeme kombiniert werden (z.B. Antiblockier-System, elektronische Bremskraftverteilung). Das System verwendet dafür Daten über das von Sensoren ermittelte Fahrzeugverhalten und nimmt Eingriffe vor, die man meist gar nicht merkt und die mitunter erst in Krisensituationen wirksam werden. Bei der Zusammensetzung ist zu unterscheiden zwischen jenen Teilen, die unmittelbar für die Verwendung und den Betrieb bedeutsam sind und über deren Bedeutung man Bescheid wissen sollte (z.B. Zündschlüssel, Lenkung, Bremse), jene die als Zusatzgeräte auch genutzt werden können (aber nicht unmittelbar erforderlich sind (z.B. Navigationssystem, Autoradio), und jene, die im Hintergrund für einen (sicheren) Betrieb sorgen (z.B. Motor, Elektrik), deren Funktionsweise man nicht kennen muss. Auf diese Weise ist zu fragen, wer in welchen Kontexten mit welchen Teilen eines technischen Artefakts konfrontiert ist und unter welchen Bedingungen das jeweils erforderlich ist (z.B. Mechaniker bei Motorschaden, Fahrer zur Inbetriebnahme) und welche Abhängigkeiten daraus resultieren. Für den Fahrer ist beispielsweise der Motor vorrangig von Belang, wenn es um Fragen des verlässlichen Funktionierens, des Verbrauchs, der Beschleunigung, der damit erzielbaren Geschwindigkeit sowie dessen Wartung geht. In einer erweiterten Sicht drängen sich auch Fragen der damit verbundenen Umweltverschmutzung oder das mit einem Motor verbundene Prestige, das sich in der Motorleistung oder in der spezifischen Konstruktion äußert und vielleicht auch dessen Herzeigbarkeit. Diese Erwartungen sind – allerdings auf eine andere Weise – auch für die Konstrukteure durchaus wichtig, weil sie den möglichen Verkaufserfolg des Autos mitbestimmen, die aber erst in technische Konstruktionsprinzipien so umgeformt werden müssen, dass sie in ein Gesamtkonzept passen. Darüber hinaus kann man in diesem Zusammenhang untersuchen, welche Formen der Normierung in die Kombination der verschiedenen Teile eine Rolle spielen. So sind das Gewinde von Schrauben, die Anforderungen an elektronische Bauteile, die chemische Zusammensetzung der benutzten Substanzen und sogar Informationen auf einzelnen Bauteilen normiert, sodass die mit ihrer Funktion oder ihrem Gebrauch verbundenen Erwartungen erfüllt werden, was die Zusammensetzung komplexer Geräte, deren verteilte Produktion in Zulieferbetrieben sowie ihre Bedienung erleichtert.

- Objektivierungsstufen des technischen Artefakts: Technische Produkte lassen sich grob nach ihren unterschiedlichen Objektivierungsstufen differenzieren (vgl. Rammert 2007, S. 44f.): Am Beginn stehen die Entwürfe oder Proben im Rahmen der Erkundung für bestimmte Zwecke (z.B. Basteleien, Prototypen). Die nächste Stufe bilden erprobte und fertige Erzeugnisse (z.B. Maschinen, Messgeräte), die bestimmte festgelegte Funktionen erfüllen. In der letzten Stufe objektivieren sich im technischen Artefakt sedimentierte Erfahrungen, die abstrahiert verfügbar sind, die sich die Menschen situationsspezifisch und maßgeschneidert aneignen können und die sich für unterschiedliche Zwecke nutzen lassen (z.B. vernetzte Computersysteme). Damit stellt sich die Frage, auf welche Weise das Artefakt in den gesellschaftlichen Kontext integriert ist und welche Möglichkeiten sich daraus eröffnen, wobei die verschiedenen Stufen nicht voneinander unabhängig sind, sondern die höheren Stufen die früheren voraussetzen und integrieren. Verschiedene Teile können dabei durchaus unterschiedliche Objektivierungsstufen repräsentieren, wenn etwa ein Smartphone mit den ausgereiften Teilen (Stufe 2) und eingebunden in ein individuell nutzbares technisches System (Stufe 3) eine Softwareapplikation enthält, die sich noch im Erprobungsstadium befindet und fehleranfällig ist (Stufe 1). Aber gerade deshalb ist es wichtig, komplexe Technik in ihrer inneren Differenziertheit zu verstehen.

- Voraussetzungen der Inbetriebnahme und des Betriebs: Technische Geräte sind häufig gebunden an technische und personelle Voraussetzungen, die ihre Inbetriebnahme erst ermöglichen. Smartphones sind unter anderem von Geräten abhängig, die ihnen die erforderliche Energie liefern, sie erfordern eine SIM-Karte (also: ‚subscriber identity module' als Zugangsberechtigung) um sie zu

5.3 Technische Geräte

aktivieren und man sollte die physischen und virtuellen Bedienknöpfe sowie die Wischfunktionen verstehen und wissen, wie man Verbindungen herstellt oder Informationen abruft. Sozial wird hier die organisationale Verflechtung technischer Geräte sichtbar: Für die benötigte Elektrizität braucht es vielfach einen Vertrag mit einem Energieversorger, im Fall des Betriebs eines Dieselaggregats ist eine Tankstelle oder zumindest ein Diesellieferant sowie die Herstellungsfirmen für den Treibstoff nötig. Für die Bedienung eines Fahrscheinautomaten sollte man wissen, wie man dabei vorgeht (auch wenn viele dieser Geräte eine Bedienungsanleitung bereits technisch integriert haben), eine CAD-Maschine oder ein Bestückungsautomat in einem Fertigungswerk für elektronische Bauteile bedürfen einer Programmierung und der Kranführer sollte entsprechende Fähigkeiten zur feinfühligen Bedienung aufweisen. Hier sind auch die mit der Nutzung verbundenen Handlungsnormierungen zu berücksichtigen. Dazu gehört auch die mitunter gesetzlich vorgeschriebene Betriebsberechtigung inklusive dem Nachweis des für die Bedienung erforderlichen Wissens bzw. der nötigen Kompetenzen (z.B. erfolgreicher Besuch einer Fahrschule als generalisierte Ausbildung und Bedingung zur Prüfungszulassung für die Ausstellung einer Berechtigung zur Führung bestimmter Fahrzeuge). Also stellt sich immer die Frage, unter welchen Bedingungen das Artefakt verwendet werden kann, was man dafür benötigt, wie die Voraussetzungen für die Nutzung geschaffen werden können und welche sozialen Differenzierungen damit einhergehen.

- Soziotechnische Konstellationen: Mit dem Einbezug technischer Artefakte in die Gestaltung des privaten, öffentlichen oder beruflichen Alltag ist es wichtig, die Verteilung zwischen technischen und menschlichen Aktivitäten zu berücksichtigen, wobei materielle (Artefakte) und immaterielle Techniken (eingeübte soziale Handlungsweisen im Umgang mit ihnen) zusammenfließen. Technische Artefakte sind in der Regel nicht beliebig zu bedienen und die von ihnen ausgehenden Signale sind vielfach mit zeichenhaften Bedeutungen versehen, sodass der (kompetente) Umgang mit ihnen meist routinisierte Formen annimmt: So erfordert die Bedienung einer Computertastatur ein maschinenförmiges Handeln, das auf die Anforderungen der Tastatur abgestimmt ist. Die Ausgabe am Bildschirm macht auf korrekte oder fehlerhafte Eingaben aufmerksam und wirkt über dieses Feedback auf die weiteren Eingaben (oder auch Korrekturen). So gesehen verbinden sich die Handlungen der Menschen mit den Aktivitäten des Geräts. In solchen Fällen ist es wichtig, die Art und die Folgen der Verkoppelung bzw. der Entkoppelung zu untersuchen. Wie in vielen Fällen bei der Untersuchung technischer Artefakte ist es auch hier wichtig, für die Analyse Grenzen einzuziehen: Ein einfacher Lichtschalter erfordert, sich zu diesem zu begeben und ihn zu bedienen, wenn man das Licht aktivieren oder deaktivieren möchte. Aber dahinter stehen jene verkoppelten Aktivitäten, welche die Glühbirne, die Stromleitungen und die Elektrizität in die Wohnung bringen, was jedoch für die Analyse der Organisierung des Alltags im Haushalt möglicherweise nur von nachrangiger Bedeutung ist. Die Verteilung dieser Aktivitäten geht aber viel weiter, wenn etwa „Social Robotics", die künstlich menschliche und soziale Eigenschaften simulieren, etwa als computergesteuerte Roboter-Robben in der Betreuung und Pflege älterer Menschen eingesetzt werden und dadurch in die Gefühlswelt und den Handlungsraum älterer Menschen intervenieren (Pfadenhauer und Dukat 2016). Schon die frühe Version des Programms ELIZA von Weizenbaum (1977, S. 250ff.) demonstrierte eindrucksvoll die enorme Wirkung auf die Interaktion zwischen Menschen und einer Technik, die menschliche Kommunikation simuliert (im Zuschnitt einer Art nondirektiver Gesprächstherapie): Bei den mit dem Programm kommunizierenden Menschen weckte das die Illusion, dass sie verstanden würden; – und das, obwohl damals die Eingaben mittels Tastatur erfolgten und das Programm über keinen kontextuellen Rahmen oder eine inhaltliche Datenbank verfügte. Wie bei vielen Geräten stellt sich hier die Frage, inwieweit das jeweilige Artefakt in die Beziehungsgestaltung nicht nur zwischen Menschen, sondern zwischen Menschen und dem Artefakt eingreift, eine Beziehung, die schon früh in einem Sammelband über Maschinen-Menschen, Mensch-Maschinen aufgegriffen wurde (Bammé 1983; vgl. auch Jungk und Mundt 1985).

- Technik als Element der Konstruktion von Wirklichkeit: Technik ist schon seit langem ein integraler Bestandteil gesellschaftlichen Lebens, sodass wir deren Beitrag in ihrer Funktion für unsere Alltagsvorstellungen häufig gar nicht mehr erkennen. So haben moderne Informationstechnologien die Welt zusammenschrumpfen lassen, sodass wir zeitnah selbst über Ereignisse oder Lebensweisen in entlegenen Gebieten etwas erfahren. Allerdings erfahren wir nicht alles, sondern nur einen kleinen selektiven Teil, der unsere Vorstellung der Welt strukturiert. Verkehrssysteme haben Distanzen zumindest in Hinblick auf die erforderliche Zeit zu ihrer Überwindung enorm verkürzt, sodass wir in kurzer Zeit auf die andere Seite der Welt reisen und uns selbst ein Bild ferner Landschaften bilden können – aber ohne dass wir deshalb die Kultur in ihrem Folgenreichtum erfassen. Kommunikationstechnologien lassen uns näher zusammenrücken und machen uns fast überall kommunikativ erreichbar, technische Überwachungssysteme verdeutlichen uns anonymisierte Kontrolle, Maschinen geben vor, was wir bei der Arbeit beachten müssen, und Verkehrsampeln koordinieren VerkehrsteilnehmerInnen (vgl. Rammert 2007, S. 40ff.). Wir haben also gelernt, mit Technik umzugehen und sie in unsere Sichtweise zu integrieren. Daher stellt sich die Frage, wie ein technisches Artefakt auf die

5.3 Technische Geräte

Vorstellung der Welt und der Gesellschaft einwirkt, also welchen Beitrag es für die Konstruktion der Wirklichkeit aus einer spezifischen Perspektive leistet.

- Wissen und Kompetenzen: Technik ist immer objektiviertes Wissen und geronnene Handlung. Dabei kann Technik als Anzeige von Wissen fungieren (z.B. ein Pfeil als Hinweis auf einen Weg), als Handlungsresultat, welches das Wissen im Artefakt festhält (z.B. als Konstruktionsprinzip einer Uhr, als Werkzeug), oder als zeichenhafte Objektivierung, die auf einem gemeinsamen Zeichenverständnis aufbaut (z.b. eine Ampel zur Verkehrsregelung). Dabei wird subjektives Wissen zunehmend anonymisiert, also vom Entstehungszusammenhang abgetrennt. In den Überlappungszonen subjektiver Relevanzsysteme geht dieses objektivierte Wissen in den gesellschaftlichen Wissensvorrat ein (Schütz und Luckmann 1975, S. 314ff.) und etabliert differenzierte Sinnbezirke. Technik objektiviert aber nicht nur Wissen und Kompetenzen, sondern erfordert dieses oder entwickelt es in ihrer Verwendung: Man muss also entsprechende Fähigkeiten mitbringen, um sie in Gang zu setzen und ihre Funktionen zu nutzen und man muss lernen, wie man diese Geräte für die eigenen Zwecke einsetzen kann. Das Bildungssystem schafft dabei in vielen Fällen die Voraussetzungen für die Konstruktion und Bedienung komplexer Technik. Dieses Wissen und die geforderten Fertigkeiten sind jedoch nicht gleichmäßig verteilt, sondern hoch selektiv: Manches gehört zum Alltagswissen (wie in modernen Gesellschaften der Gebrauch eines Telefons), manches ist Spezialwissen, wie etwa die Bedienung eines Computertomographen. Insofern bietet sich im Zuge der Analyse die Frage nach den im technischen Artefakt objektivierten sowie für deren Umgang erforderlichen Wissensbeständen und Kompetenzen sowie deren Verfügbarkeit (bzw. auch die Möglichkeiten ihres Erwerbs) für spezifische Akteursgruppen an.
- Verdinglichung der Herrschaft durch technische Artefakte: Was in der Literatur schon seit langem unter Sachzwang und dem Verhältnis zwischen Technik und Arbeit diskutiert wird (siehe Axt 1982; Ullrich 1988), ist ein entscheidendes Element der Gestaltung des sozialen Lebens durch Technik. Technik, sobald sie einmal etabliert ist, fordert den Menschen einiges ab und legitimiert teilweise bestimmte Handlungsweisen. Das liegt aber nicht bloß an den TechnikerInnen, die vielleicht die Integration der von ihnen entwickelten Artefakte in den gesellschaftlichen Gesamtzusammenhang nicht mitbedacht haben, sondern an den möglicherweise entkoppelten Entwicklungszusammenhängen. Beispielsweise sind das Wissen um die physikalischen Grundlagen von WissenschaftlerInnen, die praktische konstruktive Umsetzung durch IngenieurInnen, der konkrete Einsatz durch PolitikerInnen sowie die gesellschaftliche Bedeutung von Atomwaffen tendenziell entkoppelt, auch wenn sie zusammengehören. Und

mitunter schaffen innovative Techniken die Voraussetzungen für neue Geräte und Einsatzmöglichkeiten (GPS für Navigationssysteme oder als Grundlage von Fußfesseln) – und produzieren mitunter nichtintendierte Konsequenzen (wie Unfälle, weil sich Personen zu sehr auf ihr Navigationssystem verlassen). Darüber hinaus sind komplexe technische Systeme so miteinander verflochten, dass an die Entscheidung über ein Gerät Folgeentscheidungen angelagert sind, die sozial entkoppelt erscheinen (technischer Sachzwang). Deshalb ist gerade bei der Analyse technischer Artefakte zu berücksichtigen, wie sie in soziale Verhältnisse eingreifen und auf welche Weise sie Entscheidungen präformieren. Das gilt auch für viele Formen der Herstellung sozialer Asymmetrien durch Artefakte: Überwachungskameras sind nur ein kleines Beispiel, wie zwischen den überwachenden und überwachten Personen differenziert wird. Selbst ein Schloss differenziert zwischen jenen, die dafür einen Schlüssel haben oder nicht. Technik ermöglicht neue Formen von Herrschaftsausübung, versteckt sie mitunter hinter technischen Systemen und schützt sie damit. Daraus entstehen viele Folgefragen, etwa welche Bedeutung technischen Normierungen in diesem Zusammenhang zukommt (etwa die Kombinierbarkeit von Hardware und Software), wie der Einsatz von technischen Artefakten Entscheidungsprozesse verändert (etwa anhand messbarer Kriterien oder der Kosten), wie sie gesellschaftliche Entwicklungen legitimieren oder unterminieren, inwiefern sie sich am Markt mit welchen Folgeeffekten etablieren und welche Einflussnahmen damit verbunden sind. Wenn also die Arbeitsbedingungen durch die technische Ausstattung der Arbeitsplätze bestimmt sind, so erscheint das darin verdinglichte Herrschaftsverhältnis als ein natürliches. Es sind aber nicht nur die Maschinen, die den Arbeitsablauf vorgeben, sondern deren Einsatz in einem konkreten Arbeitsprozess, über den das Management entscheidet. Genau aus diesem Grund ist das Hinterfragen der Bedeutung für das Zusammenleben und für die Herrschaftsordnung einer Gesellschaft im Rahmen einer Artefaktanalyse so wichtig.

- Politisch-ökonomische Kontextualisierung: In vielen Fällen ist die Verwendung technischer Geräte reguliert durch Besitz, durch das mit ihnen verbundene Risiko, durch deren Standardisierung, durch Qualitätsanforderungen und durch ihre Preise und somit auch durch die Märkte, auf denen sie gehandelt werden oder ihre Integration in Arbeitsabläufe (siehe Ullrich 1982; Weingart 1982). Ein Atomkraftwerk ist nicht nur ein Kraftwerk zur Energieerzeugung, sondern bedarf eines besonderen Schutzes, der sich sowohl auf die Bevölkerung als auch die ArbeitnehmerInnen auswirkt. Der Standort und der Betrieb mitsamt dem damit verbundenen polizeilichen Sicherheitsapparat muss politisch durchgesetzt werden, wobei enorme langfristige Umweltprobleme bestehen und die

Kosten eine wirtschaftliche Herausforderung darstellen. Darüber hinaus ist zu bedenken, inwieweit in solchen Fällen die Lösung des Energieproblems durch Kernenergie nicht gleichzeitig eine spezifische sachrational argumentierte Form der Verschleierung gesellschaftlicher und sozialer Folgen darstellt, wenn etwa polizeiliche Überwachung mit den Anschlagsrisiken auf solche Anlagen begründet werden oder TechnikerInnen plötzlich eine starke politische Position bei der Einschätzung und der Bearbeitung von Risiken zugeschrieben wird (vgl. Strasser und Traube 1982). Das wirft für die Analyse von Technik immer die Frage auf, welche gesellschaftlichen Voraussetzungen für die Verwendung von Artefakten erforderlich sind und was das insbesondere für politische und wirtschaftliche Prozesse bedeutet.

Auf Großtechniken und die damit verbundenen Chancen und Risiken kann im vorliegenden Zusammenhang aufgrund der Komplexität der Thematik nur hingewiesen werden. Gerade Unfälle zeigen immer wieder, dass scheinbar perfekt durchorganisierte technische Anlagen immer wieder dramatische Fehlleistungen produzieren, wobei die strikte Kopplung zur Erlangung einer umfassenden Kontrolle der technischen Abläufe dazu führt, dass sich Fehler im System mitunter auf eine katastrophale Weise ausbreiten können (Perrow 1987; Liebert et al. 2016). Was aber im Großen gilt, ist auch bei kleineren Geräten durchaus relevant: Die rasante Entwicklung technischer Geräte und deren konkreter Gebrauch führt immer wieder zu nichtintendierten Folgen. Eine fehlerhafte Batterie oder deren falsche Aufladung kann Brände auslösen, ein Fehler der Ampelschaltung Unfälle, der Ausfall eines Sensors einen Flugzeugabsturz oder eine unachtsame Mitteilung in den sozialen Medien massive Probleme in der sozialen Umwelt. Gerade deshalb ist es im Fall technischer Geräte so wichtig, die Komplexität des technischen und sozialen Feldes in Hinblick auf die Wechselwirkung zwischen Gesellschaft und den Artefakten zu berücksichtigen.

5.4 Belebte Artefakte

Bei von Menschen geformten Gegenständen denkt man meist an tote Materie, aber kaum an Leben. Aber die Eingriffe in die Natur sind nicht nur äußerliche Eingriffe, von denen die Flora und Fauna durch ihre Positionierung und Existenzbedingungen in der Landschaftsgestaltung und auch in ihrer Existenz betroffen sind, sondern sie verändern diese Pflanzen, Tiere und letztlich auch Menschen. Das macht sie zu besonderen Artefakten, weil hier die ethische Dimension von Eingriffen schnell sichtbar wird (in Hinblick auf Gentechnik siehe Lugar et al. 2017). So werden in Zuchtverfahren schon lange die Auswahl und die Modifikation spezifischer Eigenschaften im Fortpflanzungsprozess bei Pflanzen, Tieren und Menschen angewandt. Diese Eingriffe in die Natur ermöglichen es, Pflanzen gegen Krankheiten und Schädlinge resistent zu machen und die Erträge zu steigern; ähnliches findet sich bei Haustieren oder Nutztieren, die inzwischen im industriellen Maßstab in Richtung Höchstleistungen etwa in der Fleisch- und Milchproduktion gezüchtet werden. Gentechnisch veränderte Organismen sowie die Anwendung von Gentechnik oder auch Gentherapie finden daher immer stärkere Berücksichtigung in rechtlichen Regelungen, um diesen Veränderungen vielfach aus gesundheitlichen oder ethischen Gründen Grenzen zu setzen. In Hinblick auf lebende Artefakte bietet es sich an, folgende Aspekte in der Analyse verstärkt zu berücksichtigen:

a)   *Modifizierte Pflanzen und Tiere*
Die Pflanzenwelt begegnet uns als Artefakt in zwei Formen: zum einen als einzelne Kulturpflanze, die durch Zucht in ihren Eigenschaften wie Größe, Blütenfarbe, Widerstandsfähigkeit oder ihren Inhaltsstoffen verändert wurde und damit unter anderem neuen ästhetischen, gesundheitlichen oder ökonomischen Anforderungen genügt (siehe H. Becker 2011). Zudem sind Schnitt und Wuchsmittel (wie Kletterhilfen) Möglichkeiten, um das Wachstum einer Pflanze in eine bestimmte Richtung zu drängen oder sie dabei zu unterstützen und neue Formen herauszubilden. Zum anderen können sie im Verbund durch die Art der Auspflanzung den Charakter einer Landschaft prägen. In diesem Fall ist es das Zusammenspiel vieler Pflanzen, das etwa aus ökonomischer Sicht durch die besondere Anbauform (etwa Etagenanbau, Fahrgassen in Weingärten, Pflanzgräben und Erddämme für Spargel) die landwirtschaftliche Bearbeitung erleichtert (zum Ackerbau siehe Diepenbrock et al. 2016) oder das einen Park mit einer spezifischen Erlebniswelt schafft.

    Solche Modifikationen werden auch an Tieren vorgenommen, die meist als Nutz- oder Haustiere mit erwünschten Eigenschaften versehen werden (Hampel 2014). Bei Nutztieren betrifft das etwa den Fettgehalt, das Gewicht und Stressresistenz bei Schweinen, die Milchproduktion bei Kühen, eine schnelle Gewichtssteigerung bei Gänsen, eine vergrößerte Brustmuskulatur bei Hähnchen, oder die Erhöhung des Zuchtwertes für Pferde. Bei Haustieren sind es vor allem das Aussehen oder die Seltenheit, die solche Tiere attraktiv macht: Manche dieser Eingriffe sind vergleichsweise moderat (z.B. Schafschur), können aber in einigen Fällen zu gravierenden gesundheitlichen Problemen führen (etwa bei haarlosen Sphynx-Katzen oder besonderen Fischformen, deren Zucht in manchen Ländern als Qualzucht verboten ist).

    In solchen Fällen bietet sich an, im Rahmen von Artefaktanalysen folgende Besonderheiten verstärkt zu berücksichtigen:

5.4 Belebte Artefakte

- Die Vorstellung über den Zweck und das Ergebnis künstlicher Modifikation: Die künstliche Veränderung von Pflanzen und Tieren hat in der Regel einen bestimmten Grund. Unabhängig davon, ob es sich um die Formung von Eigenschaften handelt oder es Eingriffe in den Wuchs sind, geht es um die Frage, was damit erreicht werden soll und welche Veränderungsinteressen dahinter stehen. Da in Artefaktanalysen nur durch Menschen veränderte Pflanzen und Tiere einbezogen werden, wird das Ergebnis der Veränderung mit den ursprünglichen Zielen in Beziehung gesetzt. Hier ist zu berücksichtigen, dass das Ergebnis der Modifikation nicht notwendig den ursprünglichen Intentionen entsprechen muss. So können in Hinblick auf hohen Ertrag gezüchtete Pflanzen oder Tiere gleichzeitig eine erhöhte Anfälligkeit für Krankheiten aufweisen. Darüber hinaus ist entscheidend, auf welcher Dimension eine Veränderung stattgefunden hat und vor welchem sozialen Kontext diese Veränderung überhaupt plausibel wird.
- Die Bedingungen der Modifikation: Die Manipulation von Pflanzen und Tieren setzt, sofern das Überleben dieser Organismen gewährleistet werden soll, bestimmte Kompetenzen und Rahmenbedingungen voraus. Ohne Wissen über den Schnitt einer Pflanze und dessen Wirkung, bzw. ohne Wissen über die Zusammensetzung der Nahrung bei Tieren oder ohne die bestimmten Voraussetzungen des Überlebens zu kennen sowie ohne über entsprechende (technische oder chemische) Hilfsmittel zu verfügen, ist es schwierig, bei Pflanzen eine anhaltende Veränderung zu bewirken oder bei Tieren deren Fortpflanzung zu ermöglichen. Insofern macht es Sinn, die Voraussetzungen der Modifikation in Hinblick auf verfügbare Kompetenzen und deren gelungene Umsetzung zu prüfen. In der Folge tauchen Fragen nach der erforderlichen Pflege auf, um die Modifikationen zu erhalten, zu verstärken oder weiter zu verändern. Darüber hinaus stellen sich normative Fragen, insofern etwa gentechnisch veränderte Pflanzen nicht überall ausgepflanzt oder in den Handel gebracht werden dürfen und die Zucht von Tieren ebenfalls Beschränkungen unterliegt, insbesondere wenn gravierende gesundheitliche Beeinträchtigungen mit der Zucht verbunden sind. Hier ist zu prüfen, nach welchen Kriterien solche Modifikationen und deren Handhabung geregelt sind und nach welchen Maßstäben hier Grenzen gezogen werden.
- Die Modifikation der Landschaft durch die Bepflanzung: In diesem Fall wird nicht die einzelne Pflanze verändert, sondern ihr Standort und der Verbund mit anderen Pflanzen. Hier stellt sich die Frage nach der konkreten Ordnung der Bepflanzung, die etwa im Sinne einer wirtschaftlichen Bearbeitung in der Landwirtschaft zu Feldern mit Monokulturen führen kann, zu einem romantischen Garten mit geschwungenen Wegen, sorgfältig abgestimmten blühfreu-

digen Pflanzen und verborgenen Winkeln, einem streng nach harmonischen Kriterien aufgebauten japanischen Garten, einem Erholungspark mit Schattenplätzen zum Verweilen und Spielplätzen für Kinder sowie je nach Jahreszeit verschiedenen Farbwelten oder einem Golfplatz mit weichem Grün, getrennt vom Rough und durchsetzt mit Wasserhindernissen und Bunker. Hier ist entscheidend, nach welchen Regeln diese Ordnung hergestellt wurde und in welchem sozialen Kontext diese Ordnung Bedeutung erlangt. Darüber hinaus ist es die Vorstellung von Ordnung, die von Interesse ist und welche die Differenz zwischen einer sorgfältig von jeglichem Unkraut befreiten und regelmäßig bewässerten und gemähten Gartenfläche und einem wildromantisch verträumten Garten ausmacht. Dazu kommt die Frage der Planungskriterien und der Flächengestaltung, wie sie etwa im Fall öffentlicher Parkanlagen wirksam werden, weil hier etwa auf Sicherheit bei Nacht, auf Spielflächen oder Ruhezonen, geschützte Bereiche oder auf Schattenflächen geachtet wird und deren Nutzung durch Wege oder begehbare Flächen gewährleistet wird.

b)   Modifikationen an Menschen und ihre Kleidung

Wenn Menschen einander begegnen, so geschieht das nicht ohne Begleitinterpretation durch andere. Immerhin beruht das soziale Leben darauf, andere in Hinblick auf ihre Eigenschaften oder die von ihnen zu erwartenden Aktivitäten einzuschätzen, um nicht nur die gemeinsame Beziehung bestimmen zu können, sondern auch die eigenen Handlungsweisen besser auf die gemeinsame Situation ausrichten zu können. Daher sehen wir in den äußeren Erscheinungen der Menschen und ihren Bewegungen immer jene Masken, die sie vor sich hertragen. In der Art, wie andere uns gegenüber auftreten, halten sie uns einen Spiegel vor (vgl. Strauss 1974). Das merkt man sehr schnell an der Kleiderordnung: Bei einer Einladung zu einem festlichen Ereignis erwartet man üblicherweise, dass nicht nur der/die GastgeberIn eine dieser Rolle adäquate Maske aufsetzt und entsprechend gekleidet ist; man erwartet das auch von den Gästen. Wenn sich diese den kulturellen Gepflogenheiten entziehen, signalisiert das nicht nur die eigene Maske, sondern auch die Wertschätzung der GastgeberInnen, denen man beispielsweise einen Spiegel bezüglich ihres von bestimmten Personen wenig geschätzten traditionellen Verhaltens vorhält. All das führt dazu, die körperliche Erscheinung ein Stück weit für die Formung der eigenen Identität sowie der Positionierung in der Gesellschaft zu instrumentalisieren.

Betrachtet man nun den menschlichen Körper im Rahmen der Artefaktanalyse, so ist nicht der natürliche Körper, der etwa im Alterungsprozess massiven Veränderungen unterliegt, von Interesse, sondern der Kontext von Modifikationen, die den physischen Körper erst zum Artefakt machen (siehe Shilling 2012). Dabei

5.4 Belebte Artefakte

lassen sich zumindest folgende unterschiedliche Dimensionen der Betrachtung unterscheiden, die für die Artefaktanalyse unterschiedlich relevant sind:

- Die Kontrolle des Körpers: Sie ist die unmittelbarste Form der Gestaltung, die aber eher in der Handhabung körperlicher Fähigkeiten seine Wirkung erlangt. Mit welchem Gesichtsausdruck und welcher Gestik wir unsere Aktivitäten begleiten, ist eine Frage, wie wir den Körper als Ausdrucksmittel einsetzen. Da in diesem Fall der natürliche Körper im Zentrum steht, der durch die eigene Bewegung als Darstellungsmittel fungiert, ist das eher ein Grenzfall für die Artefaktanalyse, weil der Körper nicht direkt verändert wird. In diesem Fall wäre vor allem interessant, wie weit die Körperbeherrschung geht und welche Funktionen die Körperlichkeit in sozialen Kontakten und Beziehungen erfüllt. Und zu berücksichtigen ist hier, welche Rolle etwa Training (etwa bei SchauspielerInnen oder ArtistInnen) oder im Alltag das Üben des Eindrucksmanagements spielt und welche Bedeutung dieser Körperbeherrschung zukommt.
- Die Formung des Körpers: Hier werden die Eingriffe schon deutlicher sichtbar, weil sie die Gestalt des Körpers betreffen, aber noch keine massiven physischen Eingriffe verlangen, sondern dauerhaftes Engagement, um das Aussehen zu bewahren. Typisch dafür sind: (a) die Körperpflege, die von der Haarpflege in Form von Waschen, Rasur und Styling, das Schminken oder auch die Veränderung des Körpergeruchs durch Parfums (siehe dazu Vigarello 1992); (b) die Ernährung, deren Menge und Zusammensetzung das Gewicht und damit die Körperform und das Aussehen beeinflussen kann; (c) das Training, welches nicht nur die Fähigkeiten des Körpers und dadurch die Körperkontrolle erweitert, sondern auch dessen äußere Form in Hinblick auf die Ausbildung der Muskulatur (auch nach einzelnen Muskelgruppen) nachhaltig verändern kann (zur Lebenswelt des Bodybuildings siehe Honer 2011, S. 89ff.). In diesem Zusammenhang ergibt sich die Frage, nach welchen Gesichtspunkten diese Formung vorgenommen wird und welche Möglichkeiten (z.B. Steigerung der Attraktivität) oder Begrenzungen (z.B. Ausschluss aus Berufsgruppen für Übergewichtige) damit verbunden sind, wobei häufig kultur-, klassen- und genderspezifische Aspekte eine Rolle spielen (z.B. Penz 2010).
- Physische Eingriffe in den Körper: Besonders massiv sind jedoch physische und weitgehend dauerhafte Eingriffe in den menschlichen Körper (Kasten 2006). Dazu zählt eine Vielfalt an unterschiedlichen Varianten die von der Oberflächenveränderung hin zu Körperersatzteilen (Prothesen), zu chirurgischen Eingriffen und zur Transplantationsmedizin reicht. Schon seit der Frühzeit der Menschheit wird der Körper mit Tattoos in unterschiedlichsten Kontexten versehen. Dazu gehören auch Narben oder andere Veränderungen der

Haut. Etwas tiefer gehen Modifikationen der Körperoberfläche, wie das etwa im Rahmen von Branding oder Cutting der Fall ist, wobei solche Eingriffe bis hin zu Amputationen reichen können. Während solchen Eingriffen verschiedene soziale Funktionen in subkulturellen Milieus zukommen, folgen medizinische Eingriffe einer anderen Logik, wie etwa der Heilung des Körpers oder der Kompensation von Organausfällen (etwa Transplantationen, Prothesen). Sofern einem anderen Menschen ein fremdes Organ eingesetzt wird, verwischen sich sogar die Grenzen zwischen den Körpern und machen Organe zum Objekt von Altruismus oder zur Ware (Motakef 2011). Bei solchen Körperveränderungen wird unmittelbar die normative Regulierung solcher Eingriffe bedeutsam. Zum anderen sind die Rahmenbedingungen von Interesse, die solche Veränderungen sowohl ermöglichen (z.B. Entwicklung der Medizin und der Technik) als auch zu ihrer Anwendung beitragen. Und letztlich sind es die mitunter irreversiblen Folgen, die mit dem veränderten Körper einhergehen und die auf die Emotionalität (etwa bei Organtransplantationen), die körperliche Erscheinung (etwa im Fall der plastischen Chirurgie), die Zuordnung zu gesellschaftlichen Subkulturen (z.B. Tattoos) oder einfach auf die Beweglichkeit Einfluss nehmen.

- Die Verhüllung des Körpers: Menschen begegnen uns im Alltag meist bekleidet, es sei denn sie bewegen sich in unseren Breiten in der Sauna oder am Strand (mit wenig Bekleidung). Diese Kleidung ist nicht bloß eine Bedeckung des Körpers und erfüllt nicht nur Schutzfunktionen vor den Unbilden der Natur, sondern ist eng mit sozialen Erwartungen und Normierungen verbunden (Soeffner 2004, S. 180; Holenstein et al. 2010). Kleiderordnungen durchziehen daher unsere Gesellschaft und haben teilweise verpflichtenden Charakter. Das gilt nicht bloß für Veranstaltungen, die einen herausgehobenen Dresscode verpflichtend machen, sondern ebenso für den Arbeitsalltag, der in vielen Fällen Kleidung vorschreibt, die besonderen Ansprüchen genügen muss: Sicherheitshelme auf der Baustelle, Sicherheitsschuhe in der Produktionshalle, Personalkleidung in einem Kaufhaus und Schuluniformen als Beitrag zur Corporate Identity, oder Uniformen der Einsatzkräfte von Polizei, Rettung und Feuerwehr zu deren besseren Erkennbarkeit. Also stellen sich auch hier eine Reihe von Fragen, die sich in diesem Zusammenhang aufdrängen, nämlich welche Regeln in welchen situativen Kontexten für wen als verbindlich gelten und wer diese Regeln durchsetzt sowie inwiefern Kleidung spezifische Funktionen zukommt (wie Schutz, Zuordenbarkeit, Individualisierung, Heraushebung).
- Die Inszenierung der Person: Aber es ist nicht nur die Attraktivität des Körpers oder die Funktionalität der Kleidung, die im Alltag so wichtig sind, sondern die Person setzt sich in Szene und wird damit zum Mitglied eines Kollektivs oder grenzt sich gegen ein solches ab. Genderzugehörigkeit wird auf diese Weise

ebenso inszeniert wie die demonstrativ zur Schau gestellte Zugehörigkeit zu einer Alternativszene. Modische Orientierungen, aber auch die verwendeten Materialien, Farben und Accessoires sind eine typische Ausdrucksform dafür (Sommer und Wind 1991). Kleidung kommuniziert situationsadäquates (oder inadäquates) Verhalten, Identitäten und gesellschaftliche Positionierung. Der menschliche Körper existiert dabei nicht einfach, sondern wird in der Gesellschaft von den Menschen zu dem gemacht, was er ist und wie er auf andere wirkt. Dazu zählen in den Körper eingeschriebene Praktiken, nämlich wie man geht, sitzt oder schläft, welchen Regeln wir ihn unterwerfen, wie wir mit ihm umgehen und wie wir die Körper der anderen erleben. Selbst die Attraktivität folgt eigenen Regeln, die im Körperkult ausgiebig gepflegt werden (Posch 2009). Und letztlich stimmen wir unsere Körper und Bewegungen aufeinander ab, wie die Beiträge im Sammelband von Alkemeyer et al. (2009) zeigen.

Körper in der Gesellschaft sind nicht gleich, sondern sie folgen ausgeklügelten Differenzierungskriterien. Indem man den Körper formt, sich Diäten oder regelmäßigem Training unterwirft, indem man die Haltung und die Bewegungen an sozialen Erwartungen orientiert und indem man ihn schmückt und kleidet, richtet man sich im eigenen Milieu ein. Und da nicht der natürliche Körper im Vordergrund steht, sondern dessen Beherrschung, Kontrolle und die Symbolik der Verhüllung, ist er ein wichtiges Studienobjekt für Artefaktanalysen.

Methodische Ergänzungen 6

Im Zuge von Artefaktanalysen, aber auch im Rahmen der Umsetzung anderer methodischer Vorgangsweisen ist, wie bereits im Zuge der ergänzenden komparativen Analysen in Abschnitt 4.7 erläutert, in vielen Fällen eine Erweiterung des methodischen Spektrums sinnvoll. In einer sozialwissenschaftlich orientierten Artefaktanalyse ist ja nicht so sehr das Artefakt selbst Gegenstand der Analyse, sondern vielmehr der Kontext des Artefakts, durch den sich das gesellschaftsbezogene Analysepotential erst aufschließt. Abhängig von den jeweiligen Fragestellungen bietet sich daher eine erweiterte Interpretation des Kontextes an, die mit anderen Forschungsverfahren geleistet werden kann. An dieser Stelle kann jedoch nur global auf die sich daraus ergebenden Möglichkeiten im Rahmen der Artefaktanalyse hingewiesen werden; zu den einzelnen Verfahren ist ohnehin eine Fülle an Spezialliteratur verfügbar, in der die Vorgangsweisen ausführlich diskutiert werden. Für den vorliegenden Zweck werden jene Verfahren angesprochen, für die eine Kombination mit der Artefaktanalyse nahe liegt. Somit konzentrieren sich die folgenden Ausführungen auf die im Kontext der Artefaktanalyse relevanten methodischen Entscheidungen und Besonderheiten, die in Hinblick auf ihre Funktion für die Analyse thematisiert werden.

6.1 Gesprächsführung

Eine interpretativ orientierte Artefaktanalyse betrachtet die untersuchten Gegenstände nicht isoliert, sondern in ihren Herstellungs-, Gebrauchs- oder Rezeptionskontexten. Diese lassen sich nicht immer von den Sinnverweisen durch die mit dem

Artefakt verbundenen AkteurInnen ablösen, sodass es vielfach empfehlenswert ist, diesen Wissens- und Sinnzusammenhang durch den Einbezug der AkteurInnen und ihren verschiedenen Betrachtungsweisen zu ergänzen. Um deren Beobachtungen, Einstellungen und Standpunkte zu erkunden, bietet sich an, mit ihnen über die Artefakte in ihrem Lebensraum, deren Bedeutung und Handhabung zu sprechen. Das heißt nicht, die von den Befragten artikulierten Sichtweisen als Richtwert für die Analyse zu verwenden, sondern als manifesten und latenten Rezeptionskontext durch jene, die mit einem Artefakt in unterschiedlicher Weise konfrontiert sind. In diesem Sinne erschließt die Analyse verschiedene Akteur-Artefakt-Konstellationen mit ihren jeweiligen Bedeutungsräumen und Sinnhorizonten.

Solche Gespräche berücksichtigen vorrangig die spezifische lebensweltliche Kontextualisierung der Befragten. Das ist deshalb wichtig, weil diese für unterschiedliche Gruppen jeweils deutlich anders gestaltet sein kann: Für die in die Planung oder in den Bau einer Strafvollzugsanstalt involvierten Beteiligten (z.B. ArchitektInnen und HandwerkerInnen) erweist sich die Kontextualisierung als vermutlich doch sehr verschieden als jene durch Personengruppen, die solche Einrichtungen für ihre Zwecke nutzen (z.B. Justizwache) oder Kapital aus der öffentlichen Sicherheitsdebatte schlagen wollen (z.B. Politik, Medien), durch jene, die ihnen ausgeliefert sind (z.B. Strafgefangene), die sie zu zerstören versuchen (Terroristen) oder durch ArbeiterInnen, die sie am Ende des Lebenszyklus eines Artefakts entsorgen (Abbruchgesellschaften). Jede Perspektive bezieht sich auf andere Relevanzen und strukturiert dadurch eigene Sinnhorizonte mit spezifischen Bedeutungszuweisungen und ist vermutlich in eigene Sinnbezirke eingebettet. Insofern ist auch die Integration in die Praxis des Alltagshandelns völlig unterschiedlich. Untersucht man nun das Haftmanagement in einer modernen Strafvollzugsanstalt, so ist die über die Analyse der für den Justizvollzug bedeutsamen Artefakte hinaus die Perspektive relevanter Beteiligter, Betroffener oder einfach von interessierten Personen wichtig. In diesem Fall wäre das vielleicht nicht so sehr die Perspektive der HandwerkerInnen, aber möglicherweise die von ArchitektInnen in Hinblick auf die gestaltete Baustruktur, die Wahrnehmung der Beschäftigten bezüglich der Arbeits- und Sicherheitsbedingungen, die Sicht der Insassen bezüglich ihres Haftalltags, aber auch der Blickwinkel von Angehörigen (z.B. von Strafgefangenen oder Vollzugspersonal) oder jener der Anrainer einer Haftanstalt sowie die Darstellung im öffentlichen Diskurs von Haftbedingungen.

Bezüglich der Entscheidung über die Durchführung solcher Gespräche lassen sich folgende Kriterien heranziehen:

- Zu generierendes Wissen: Zuerst ist zu klären, welche Themenaspekte man im Zusammenhang mit Artefakten klären möchte. Stehen die verbalisierten

6.1 Gesprächsführung

Ansichten der befragten Personen im Zentrum, bildet der manifeste Inhalt den Analysekern. Meist sind das die Vorstellungen von ExpertInnen in Hinblick auf die Artefakte. Expertise wird in diesem Fall als besonderes Wissen in Hinblick auf einen spezifischen Artefaktkontext verstanden: So können im Fall eines Wohngebäudes ArchitektInnen über ihr Wissen und ihre Vorstellungen zur Funktionalität, zu den Bauformen, in der Planung berücksichtigte soziale Beziehungen, zur Symbolik des Gebäudes, Materialien oder Farben Auskunft geben; BewohnerInnen können über ihre Erfahrungen mit dem Image des Gebäudes, der Wohnqualität, die Modifikation der baulichen Gestaltung, die Nutzung oder ökonomische Fragen berichten; NachbarInnen könnten über Veränderung des Umfeldes und der Lebensqualität in Folge eines Neu- oder Umbaus und die von ihnen wahrgenommenen Effekte auf die verschiedenen Lebensbereiche erzählen. Für solche Fälle bieten sich ExpertInneninterviews oder Leitfadengespräche an (zu ExpertInnengespräche siehe Bogner et al. 2009, 2014). Konzentriert man sich hingegen darüber hinaus auf latente Sinngehalte, d.h. auch jene Wirkungen oder Bedeutungen, die nicht immer explizierbar sind, aber den Alltag beeinflussen, oder auf das Zustandekommen von Aussagen, so sind offene und narrative Gesprächsformen vorzuziehen (siehe dazu Froschauer und Lueger 2003; Schütze 1977), weil diese die Relevanzstrukturen der Befragten in das Zentrum rücken. Generell versucht man in solchen Gesprächen, das Artefakt in seiner Bedeutung für die Befragten so zu thematisieren, dass diese ihren Standpunkt artikulieren können. Die Gesprächsführung konzentriert sich darauf, die befragten Personen anzuregen, ihre Aussagen weiter zu präzisieren, in Hinblick auf Beispiele zu konkretisieren oder ihren Standpunkt zu elaborieren. Steht eine vermittelnde Erhebung im Vordergrund (wie insbesondere im Zuge von Aktionsforschung, siehe Moser 1977; oder im Zuge rekursiver Informationsschöpfung in therapeutischen Kontexten, siehe Deissler 1986), so versucht man die GesprächspartnerInnen zu alternativen Deutungen bezüglich der Artefakte anzuregen und dadurch neue Sichtweisen zu generieren (auch um die Positionierung der Befragten in Hinblick auf die Artefakte, sowie die Grenzen einer Perspektivenerweiterung auszuloten). Die Auswahl der GesprächspartnerInnen richtet sich in diesen Fällen nach den inhaltlichen Zielsetzungen in Verbindung mit der Artefaktanalyse.

- Gesprächssituation: Im Zuge von Artefaktanalysen ist es sinnvoll, zwischen Einzelgesprächen und Mehrpersonengesprächen zu unterscheiden (siehe Froschauer und Lueger 2003). Im ersteren steht eine individuelle Perspektive im Zentrum, während Mehrpersonengespräche die Möglichkeit nutzen, die Diskussion um ein Artefakt so zu führen, dass die verschiedenen Sichtweisen wechselseitig weiterführende (auch konfliktäre) Beiträge anregen. In offen gehaltenen

Mehrpersonengesprächen wird die Gesprächsführung über die diskutierten Artefakte den GesprächsteilnehmerInnen übertragen: Das ist eine Voraussetzung, um deren Relevanzsysteme, die Differenz von individuellen Orientierungen und kollektiver Deutungsmuster, also insgesamt die latenten Sinngehalte des Gesprächs herausarbeiten zu können (also die Hintergründe für die getätigten Aussagen). Hingegen stellen Fokusgruppengespräche (siehe Barbour 2009; Schulz et al. 2012) die inhaltlichen Aussagen der GesprächsteilnehmerInnen zu bestimmten Aspekten eines Artefakts in den Vordergrund, weshalb solche Gespräche im Sinne der Ausgewogenheit der verschiedenen Beiträge der Moderation bedürfen. Eine solche Vorgangsweise legt den Schwerpunkt auf die Analyse manifester Inhalte (also auf die getätigten Aussagen).

- Interpretationsstrategie: Wie bereits mehrfach betont, zieht sich sowohl durch die inhaltlichen Interessen als auch die Auswahl der Gesprächssituation immer die Differenz zwischen manifestem und latentem Inhalt. Das bedeutet zugleich, dass die Art der Gesprächsinterpretation nicht von der Art der Gesprächsführung abgelöst werden kann. Wählt man eine Gesprächsstrategie, die mit den gestellten Fragen die Gesprächsinhalte vorstrukturiert, so ist es schwierig, latente Gesprächsinhalte zu erforschen, weil dadurch die Artikulationsmöglichkeiten in Hinblick auf die Relevanz aus der Sicht der GesprächsteilnehmerInnen eingeschränkt sind. Im Rahmen der Interpretation bietet sich dafür entweder einfach die Zusammenfassung der Gesprächsinhalte, die Durchführung einer qualitativen Inhaltsanalyse (siehe Mayring 2015; Schreier 2012) oder einer Themenanalyse an (Froschauer und Lueger 2003, S. 158ff.). Um jedoch latente Sinnstrukturen zu untersuchen, braucht es eine möglichst weitgehende Freiheit der Strukturierung und Darstellung der Sichtweisen der befragten Personen. Das leistet etwa eine Interpretation im Rahmen der objektiven Hermeneutik (Objektive Hermeneutik: z.B. Oevermann 2001) aber auch Interpretationen im Rahmen von Fein- oder Systemanalysen (Froschauer und Lueger 2003, S. 107ff.).

Grundsätzlich bietet sich an, im Zuge von Artefaktanalysen das oder die fokussierte/n Artefakt/e als Gesprächsauslöser zu verwenden, indem man kleine Artefakte im Gespräch als Anregung für den Gesprächseinstieg präsentiert (z.B. Alltagsgegenstände), Fotos größerer Artefakte anfertigt und als Gesprächsunterlage verwendet (sofern nicht Fotos selbst das Artefakt bilden) oder indem man eine Begehung des Artefakts oder dessen Erläuterung vor Ort vornimmt (z.B. Gebäude, Maschinen). All diese Möglichkeiten halten das Artefakt physisch im Gespräch präsent und man kann sich die entsprechenden Sichtweisen vor Ort demonstrieren lassen, was einerseits die sensorischen Empfindungen thematisiert, andererseits die Diskussion der verschiedenen Aspekte eines Artefakts erleichtert.

Für die inhaltliche Gesprächsgestaltung kann man selbstverständlich selektiv auf die Dimensionen der Artefaktanalyse zugreifen. Im Zuge dessen ist es grundsätzlich möglich, im Rahmen eines solchen Gesprächs eine Artefaktanalyse durchzuführen (beispielsweise als eine Art Teaminterpretation mit betroffenen AkteurInnen), was etwas mehr Zeit beanspruchen kann. Gerade im Rahmen von Gesprächsgruppen kann das eine durchaus sinnvolle Vorgangsweise sein, weil man hierbei den GesprächsteilnehmerInnen anhand der verschiedenen Dimensionen (die als flexibler Leitfaden gehandhabt werden können) einen offenen Diskussionsrahmen bietet. Allerdings ist hier bei der Interpretation zu berücksichtigen, inwiefern die verschiedenen Dimensionen von den GesprächsteilnehmerInnen angesprochen wurden, oder ob sie forschungsseitig als Strukturelement eingebracht wurden.

6.2 Beobachtung

Hier ergibt sich ein unmittelbarer Bezug zur Artefaktanalyse, die ja letztlich immer auch auf visueller Beobachtung beruht, allerdings mit dem Unterschied, dass die Artefakte in vergleichsweise beständiger Form vorliegen, während der beobachtete Gegenstand sich meist in Bewegung befindet und daher im Augenblick der Beobachtung schon wieder entschwindet (wie eine Handlung oder ein Ereignis). Zwar kann man über Hilfsmittel auch das Beobachtete zumindest teilweise fixieren (etwa über Videoaufzeichnungen; zur Videographie siehe z.B. Knoblauch et al. 2006; Reichertz und Englert 2011), wobei man eigenständige Artefakte anfertigt, die später zum Analysegegenstand werden (vgl. Abschnitt 5.1). In der Ethnographie ist die Berücksichtigung der Verbindung zwischen teilnehmender Beobachtung und Artefakten im Feld nicht ungewöhnlich (Hammersley und Atkinson 2010, S. 121ff.; Schweizer 1985; Stoller 1989).

Beobachtung eignet sich in mehrfacher Hinsicht zur Kombination mit Artefaktanalysen, weil im Zuge von Beobachtungen häufig Artefakte in den situativen Kontext integriert sind oder direkt mit Handlungsweisen im Zusammenhang stehen. So gesehen ist es wichtig, im Rahmen der Beobachtung den Stellenwert von Artefakten zu berücksichtigen und ihre Bedeutung für die Gestaltung der sozialen Situation einzuschätzen. Das ist auch der Grund, warum es sinnvoll ist, in Beobachtungen auch den physischen Kontext zu berücksichtigen (Lueger 2010, S. 40ff.). In Verbindung mit Beobachtungsprozessen kann die Artefaktanalyse in verschiedenen Analysephasen eine wichtige Rolle spielen:

- In der deskriptiven Analyse des physischen Settings geht es darum, die weitere physische Umgebung sowie die im Beobachtungsfeld vorfindbaren Gegenstände und Artefakte zu identifizieren. Beispielsweise sind im Zuge von Gerichtsverhandlungen das Gebäude und dessen Sicherheitsvorkehrungen, die räumliche Verortung der verschiedenen Akteursgruppen (als Form der Inszenierung), aber auch das Erscheinungsbild der AkteurInnen und die von ihnen verwendeten Gegenstände von Interesse.
- Im Rahmen der perspektivischen Bedeutungsstrukturanalyse rücken wiederum die Bedeutungen von Artefakten für verschiedene AkteurInnen, für unterschiedliche Aktivitätstypen, für die Temporalität des Feldes (wie Verweise auf eine Uhr) oder für die sachliche Handlungskoordination (z.B. Maschinenvorgaben) in den Vordergrund. In diesem Zusammenhang lassen sich auch Anforderungen oder Kompetenzen im Konnex mit Artefakten klären.
- Detailanalysen in einer späteren Analysephase betreffen jeweils spezifische Aspekte, die sich in den ersten Analyseschritten als möglicherweise bedeutsam herauskristallisiert haben und der Präzisierung bedürfen. Hier stellt sich die Frage nach der Integration von Artefakten in Prozessabläufe, die mit ihnen verbundene Handlungslogik oder die situationsspezifische Regelung sozialer Koordinationen. Artefakte können dabei auf Kollektivebene einen wesentlichen Identitätsfaktor bilden, welcher der Einheitsstiftung und Legitimierung dient (wie etwa die Einbindung von rituellen Anordnungen in Gerichtsprozessen und deren Inszenierung für die Öffentlichkeit). Darüber hinaus bieten sie oft schon durch ihre schiere Existenz einen Handlungsrahmen, der aufgrund seiner Selbstverständlichkeit kaum ins Bewusstsein tritt (z.B. die zu öffnende Tür in einen Raum). Insgesamt stellt sich hier die Frage, welchen Einfluss solche Artefakte auf die Handelnden, ihre Wahrnehmungs- und Handlungsweisen oder die Inszenierung ihrer eigenen Person nehmen und inwiefern das die Normalität oder Außeralltäglichkeit einer Situation charakterisiert.
- Letztlich soll die Ergebnisintegration das Verständnis der Verschränkung von Artefakten in die Sinnstruktur und die Handlungsdynamik sozialer Felder fördern. Damit ist auch die Einbettung in die Gesellschaft angesprochen, die wesentlich von der Ergänzung sozialer Aktivitäten durch Artefakte geprägt ist.

Aber es geht nicht nur um die Rolle von Artefakten in Beobachtungsprozessen, sondern auch umgekehrt um die Ergänzung von Artefaktanalysen durch Beobachtung. Hier ist es wiederum sinnvoll, auf die Ebenen der Artefaktanalyse zurückzugreifen und zu fragen, an welchen Stellen Beobachtungen eine wesentliche Ergänzung leisten könnten. Dafür bieten sich folgende Anschlussstellen an:

6.2 Beobachtung

- Die zentrale Anschlussstelle findet sich in der distanziert-strukturellen Analyse eines Artefakts (Abschnitt 4.6), weil diese Interpretationsebene am engsten mit den beobachtbaren Praktiken im Zusammenhang steht. Mehrere Teilaspekte sind hierfür von Interesse:
- Die Beobachtung der Produktion eines Artefakts ermöglicht einen Einblick in die Organisierung der Artefaktherstellung. Dabei sieht man sehr gut, in welchem Umfeld die Herstellung stattfindet, welche Personen daran in welcher Form und mit welchen Kompetenzen beteiligt sind oder welche Anforderungen an das Artefakt und seine Herstellung gestellt werden. Dafür ist es wichtig, einen Beobachtungsstandpunkt im unmittelbaren Umfeld der Produktion einzunehmen, wofür es mitunter hilfreich ist, den Weg einzelner Komponenten eines Artefakts nachzuverfolgen.
- Die Beobachtung des Umgangs mit einem Artefakt bietet hingegen eine Möglichkeit dessen Integration in Alltagspraktiken zu erkunden. Dafür ist eine Beobachtungsposition erforderlich, welche diese Praktiken nachverfolgen lässt, weil diese nicht zwangsläufig an einen konkreten Ort gebunden sind. Das ermöglicht zum einen Erkenntnisse darüber, wie sich AkteurInnen mit den Artefakten arrangieren, diese in ihre Aktivitäten einbinden, sie für ihre Zwecke nutzen oder auch deren Wirkungen zu umgehen versuchen. Dafür ist es bisweilen nötig, die Beobachtungsposition zu wechseln, um möglicherweise unterschiedliche Akteursgruppen in ihrem Umgang mit dem Artefakt beobachten zu können. Eine solche Beobachtungsstrategie öffnet den Zugang zu verschiedenen Handhabungsformen, damit verbundenen Beziehungen oder Herrschaftsverhältnissen, Verfügungsmöglichkeiten oder auch unerwarteten Aktivitäten.
- Auch in Hinblick auf Wirkungen und Funktionen bietet sich die Beobachtung an, insbesondere wenn man die Konfrontation verschiedener AkteurInnen mit dem Artefakt analysiert. Das bietet einen Interpretationszugang zu mit Artefakten verbundenen sozialen und gesellschaftlichen Strukturierungseffekten, oder auch normativen Erwartungsstrukturen sowie die Bedingungen für deren Erfüllung oder Enttäuschung.
- Letztlich zeigt gerade die teilnehmende Beobachtung im Zusammenhang mit der Inszenierung eines Artefakts, wie dieses in einem bestimmten Kontext erlebt wird und wie es die Wahrnehmung, Handlungsorientierungen, Emotionalitäten und insgesamt Stimmungen beeinflusst. Hier wird auch sichtbar, wie Menschen auf Artefaktarrangements reagieren, welche Inszenierungsmuster dabei identifizierbar sind und wie diese auf die Rezeption wirken.

- Aber auch an anderen Stellen finden sich Möglichkeiten der Verknüpfung von Beobachtung mit der Artefaktanalyse. So ist sie eine interessante Möglichkeit, das Umfeld genauer zu erkunden (wie dies etwa in der Analyse des physischen und sozialen Settings durchgeführt wird; Lueger 2010, S. 70ff.) und in weiterer Folge den konkreten situierten Kontext in Hinblick auf die soziale Strukturierung des Feldes und deren Bedeutungen für das fokussierte Artefakt genauer zu studieren. Das betrifft etwa die Alltäglichkeit und die soziale Integration in das Beobachtungsfeld oder auch die Bedeutung für die Kommunikation zwischen den Handelnden in einem Handlungszusammenhang.
- Beobachtungen können wertvolle Informationen in Hinblick auf komparative Analysen liefern. So ermöglicht Beobachtung, verschiedene Artefakte im unmittelbaren Lebenszusammenhang zu erkunden oder verschiedene Situationen des Umgangs mit Artefakten zu erfassen. Das kann eine wichtige Entscheidungsgrundlage für den Einbezug weiterer Artefakte in die Analyse bieten.
- Im Rahmen einer teilnehmenden Beobachtung ist dieses Verfahren auch mit Gesprächen verbunden, die zumindest partiell aufgezeichnet und auf diese Weise einer genaueren Gesprächsanalyse zugeführt werden können (siehe Abschnitt 6.1).

Generell ist hier anzumerken, dass Beobachtung das gesamte methodische Feld interpretativer Sozialforschung einschließt und somit eine besonders komplexe und herausfordernde Vorgangsweise darstellt (allgemein zur Beobachtung siehe Spradley 2009). Beobachtung inkludiert daher immer schon die Analyse der Gegenstände (und damit der Artefakte) in einem Untersuchungsfeld, wobei teilnehmende Beobachtung einen Zugang zu vielen Gesprächen bietet, die mehr oder weniger systematisch geführt werden und sich Alltagsgesprächen annähern können. Aber auch im Feld auffindbare Dokumente oder die Analyse von Strukturdaten sind vielfach Bestandteil von Beobachtung.

6.3 Strukturdatenanalyse

Strukturdatenanalysen befassen sich mit der Interpretation von äußeren Charakteristika eines Forschungsfeldes, das sich anhand von Strukturdaten beschreiben lässt. Dazu zählen etwa statistische Daten (z.B. die Häufigkeiten und die Verteilung eines Artefakttypus in unterschiedlichen Settings), Verlaufsdaten (z.B. Geschichte der Veränderungen eines Gebäudes) sowie die Veränderungszeitpunkte und die Art der Veränderung, die Anzahl von AkteurInnen in einem Untersuchungssetting (etwa die Zahl der NutzerInnen eines Artefakts in einem bestimmten Zeitraum),

6.3 Strukturdatenanalyse

die Zusammensetzung eines typischen Arrangements von Artefakten (aus dem das untersuchte stammt) oder die Regeln, welche den Artefaktgebrauch anleiten (wie etwa eine Betriebsanleitung, welche die Struktur der Nutzungsanforderungen charakterisiert). Solche Strukturdaten zeichnen sich durch mehrere Charakteristika aus (Lueger 2010): Sie sind mit den fokussierten Artefakten quasi-objektiv verbunden (direkt zugänglich), sind natürliche Manifestationen des Untersuchungsfeldes, aber trotzdem von der Erscheinungsform der untersuchten Artefakte bzw. Phänomene entkoppelt (etwa als Kontext). Sie positionieren Artefakte in einem zeitlichen, sozialen und sachlichen Zusammenhang und liefern unterschiedliche Informationen zu ihrem kontextuellen Verständnis (interne Rahmendaten als Strukturbedingung oder Entwicklungsstadium, externe Rahmendaten als Bedingung der Phänomenexistenz, Vergleichsdaten). So gesehen bildet die Strukturdatenanalyse schon für die in Kap. 4 beschriebene Vorgangsweise der Artefaktanalyse einen wichtigen Teilaspekt. Deshalb lassen sich Strukturdatenanalysen als sinnvolle Ergänzung und Erweiterung der Artefaktanalyse verwenden.

Artefakte sind in der Regel sehr eng mit Strukturdaten verknüpft. So geht es bei Mietwohnungen beispielsweise um die Frage der Veränderung einer solchen Wohnung und ihrer Einrichtung mit dem Wechsel der MieterInnen – und dafür ist es wichtig, etwas über die Zeitabstände des Wechsels, die jeweiligen Mietvereinbarungen (z.B. als Veränderungsregulativ) oder über die Preise zu erfahren. Auch wenn man Handlungsweisen im Umgang mit Artefakten untersucht, so liefern Strukturdatenanalysen wichtige Hinweise, wie diese Handlungsweisen mit der von Menschen erzeugten Welt im Zusammenhang stehen: Ein Schachspiel (als konkretes Artefakt) umfasst zum einen Schachbrett und Schachfiguren (also ein Arrangement von Einzelartefakten, deren Struktur festgelegt ist – etwa Anzahl und Art der Figuren sowie die Mustergestaltung des Bretts), was als Strukturdatum des Arrangements der Einzelgegenstände unabhängig von deren konkreten Gestaltung ist. Darüber hinaus ist dieses Arrangement von Artefakten, falls man damit Schach spielen möchte (und das Schachspiel nicht nur als dekoratives Ausstellungsstück dienen soll), untrennbar mit den Regeln des Schachspiels verbunden. Diese Regeln wiederum versteht man nur, wenn man sie auf das Brettmuster und die Figuren bezieht. Strukturdaten sind in solchen Regeln, wie die explizite Spielanleitung, die den inneren Rahmen des Spiels abgibt, enthalten. In der Metallverarbeitung bilden beispielsweise Zeitreihen und räumliche Anordnungen Strukturdaten, die Artefakte in Prozesse integrieren. Erst diese raum-zeitliche Kombination von Artefakten ermöglicht es einem Unternehmen, Rohstoffe systematisch zu Produkten zu verarbeiten. Untersucht man also Arbeitssicherheit, so hängt diese nicht nur von einzelnen Artefakten, sondern von der Struktur ihrer zeitlichen und räumlichen Anordnung ab, aus der in Kombination mit den involvierten Gegenständen die

Wirkungen auf Arbeitssicherheit resultieren. Das sind der von der Gebäudeausrichtung abhängige Lichteinfall oder die Beleuchtung, aber auch die Sicherheitsvorkehrungen der Maschinen und deren statistische Zuverlässigkeit (wenn etwa Schutzvorrichtungen dauerhaft demontiert werden, wenn sie für permanente Störfälle immer wieder entfernt werden müssen) – all das sind Faktoren, die entscheidend auf die Sicherheit im Umgang mit Maschinen wirken können.

Artefaktanalysen beziehen sich im Rahmen von Strukturdatenanalysen auf die relationale Verankerung in einen spezifischen Sinnhorizont ihres Auftretens. Sie ermöglichen im Zuge dessen verschiedene Zugänge:

- In Hinblick auf den inneren Kontext geben Artefakte Hinweise auf Bedingungen für die Fokussierung der Wahrnehmung der AkteurInnen, ihre Handlungsweisen und die dafür erforderlichen Kompetenzen, die Verbindung zu anderen Artefakten und damit die Relationierung der Gegenstände zur sozialen Welt. Strukturdaten sind einerseits Rahmenbedingungen, welche die Personen, Ereignisse und Dynamiken einer sozialen Situation umfassen (Maschinen, die in einen strukturierten Arbeitsablauf eingebunden sind). Umgekehrt können Artefakte selbst Strukturdaten für das Umfeld produzieren (Maschinen, die einen Arbeitstakt und spezifische Kooperationsformen vorgeben).
- Im Zusammenhang mit dem äußeren Kontext stehen Charakteristika des Umfeldes eines Settings zur Diskussion, in dem Artefakte existieren. Solche Umgebungen stehen vielleicht nicht im direkten Zusammenhang mit dem Artefakt oder den mit diesen verbundenen Ereignissen und Handlungsweisen, beeinflussen aber deren Existenz und Entwicklungsmöglichkeiten (z.B. Raumgröße und die dafür passenden Möbel), indem sie etwa Zeiten strukturieren (z.B. die zur Aufladung nötige Zeit für Reisende mit Elektromobilen und die Distanzen zwischen den Ladestationen), den Zugang zu Orten regulieren (z.B. Türen und Schlösser als In- und Exklusionsmechanismus) oder den Aktivitätsspielraum definieren (z.B. Wände und Zäune).
- Als Vergleichsmöglichkeit bieten Artefaktanalysen die Gegenüberstellung von Artefakten und deren Charakteristika in verschiedenen Fällen, in denen sich das in einer Studie fokussierte Phänomen manifestiert. Das ermöglicht es, nicht nur die Bedeutung der verschiedenen Artefakte und den Stellenwert bestimmter Eigenschaften näher zu bestimmen, sondern auch die sozialen Phänomene (ähnliche Fälle) in verschiedenen sozialen Kontexten besser zu verstehen.

Artefaktanalysen und Strukturdatenanalysen ergänzen sich also wechselseitig, wobei die Strukturdatenanalyse die formalen Strukturen und statistischen Regelmäßigkeiten des physischen und sozialen Kontextes adressiert. Nimmt man etwa

6.3 Strukturdatenanalyse

an, dass soziale Situationen aus der Wechselwirkung lokaler Besonderheiten, den AkteurInnen und ihren Aktivitäten bestimmt sind, so sind diese situativen Arrangements vielfach durch Artefakte mitbestimmt. Strukturdaten geben dabei an, in welcher Form diese Arrangements organisiert sind. So gesehen helfen Artefaktanalysen im Rahmen von Strukturdatenanalysen, die Figuration sozialer Phänomene in ihrem physischen Kontext zu verankern. Umgekehrt ist es möglich, dass anhand der Rahmendaten des Artefaktauftretens es leichter wird, die Charakteristika eines Artefakts und die Differenzierung anhand verschiedener Settings ihres Auftretens herauszuarbeiten.

Strukturdaten bilden nicht bloß einen randständigen Kontext für Artefaktanalysen, sondern sind ein integraler Bestandteil für das Verstehen des sozialen Geschehens. Sie signalisieren und transportieren prospektiv Erwartungshaltungen (z.B. historische Entwicklungen und die Ausbildung antizipatorischer oder normativer Erwartungen an die Herstellung oder den Gebrauch von Artefakten), bilden aber gleichzeitig retrospektiv einen Interpretationsrahmen auch für Legitimationsstrategien (z.B. die Funkabdeckung als Begründung für einen nicht getätigten Telefonanruf). So gesehen kennzeichnen Strukturdaten die rekursive Beziehung zwischen der Entwicklung sozialer Strukturen und den konkreten Handlungsweisen der AkteurInnen im Zusammenhang mit Artefakten.

Literatur

Alkemeyer, Thomas, Brümmer, Kristina, Kodalle, Rea, und Pille, Thomas. 2009. *Ordnung in Bewegung. Choreographien des Sozialen. Körper in Sport, Tanz, Arbeit und Bildung.* Bielefeld: transcript.
Amstutz, Sibylla, und Schwehr, Peter. 2015. *Human Office Arbeitswelten im Diskurs.* Zürich: vdf.
Axt, Heinz-Jürgen. 1982. Herrschaft – "Sachzwang" der Technik? Zur Auseinandersetzung mit Otto Ullrichs Technik- und Industriekritik. In Jokisch, R. (Hrsg.), *Techniksoziologie* (S. 207-241). Frankfurt am Main: Suhrkamp.
Bammé, Arno. 1983. *Maschinen-Menschen, Mensch-Maschinen. Grundrisse einer sozialen Beziehung.* Reinbek bei Hamburg: Rowohlt.
Barbour, Rosaline S. 2009. *Doing focus groups.* London [u.a.]: Sage.
Bateson, Gregory. 1985. *Ökologie des Geistes. Anthropologische, psychologische, biologische und epistemologische Perspektiven.* Frankfurt am Main: Suhrkamp.
Baudrillard, Jean. 1991. *Das System der Dinge. Über unser Verhältnis zu den alltäglichen Gegenständen.* Frankfurt am Main [u.a.]: Campus.
Becker, Heiko. 2011. *Pflanzenzüchtung* (2. Aufl.). Stuttgart: Ulmer.
Becker, Howard Saul. 1986. *Doing things together. Selected papers.* Evanston, Ill.: Northwestern Univ. Press.
Berger, John. 1980. Understanding a Photograph. In Trachtenberg, A. (Hrsg.), *Classic Essays on Photography* (S. 291-297). New Haven, Conn.: Leet´s Island Books.
Blumer, Herbert. 1969. *Symbolic interactionism. Perspective and method.* Englewood Cliffs, NJ: Prentice-Hall.
Boehm, Gottfried. 1995. *Was ist ein Bild?* (2. Aufl.). München: Fink.
Bogner, Alexander, Littig, Beate, und Menz, Wolfgang. 2014. *Interviews mit Experten. Eine praxisorientierte Einführung.* Wiesbaden: Springer VS.
Bogner, Alexander, Littig, Beate, und Menz, Wolfgang. (Hrsg.). 2009. *Experteninterviews: Theorie, Methode, Anwendung* (3. Aufl.). Wiesbaden: VS.

Bourdieu, Pierre, Boltanski, Luc, Castel, Robert, Chamboredon, Jean-Claude, Lagneau, Gérard, und Schnapper, Dominique. 1983. *Eine illegitime Kunst. Die sozialen Gebrauchsweisen der Photographie*. Frankfurt am Main: Suhrkamp.

Breckner, Roswitha. 2010. *Sozialtheorie des Bildes. Zur interpretativen Analyse von Bildern und Fotografien*. Bielefeld: Transcript-Verl.

Burzan, Nicole. 2016. Welche Artefakte wozu? EIn Systematisierungsversuch anhand von Beispielen aus zwei Forschungszusammenhängen. In Raab, J. & Keller, R. (Hrsg.), *Wissensforschung – Forschungswissen. Beiträge und Debatten zum 1. Sektionskongress der Wissenssoziologie* (S. 122-130). Weinheim, Basel: Beltz Juventa.

Calabi, Clotilde. 2012. *Perceptual illusions. Philosophical and psychological essays*. Basingstoke u.a.: Palgrave Macmillan.

Cassirer, Ernst. 1995. *Symbol, Technik, Sprache. Aufsätze aus den Jahren 1927 – 1933* (Orth, E. W. & Michael, K. J. Hrsg. 2. Aufl.). Hamburg: Felix Meiner.

Chamrad, Evelyn. (2001). *Der Mythos vom Verstehen: ein Gang durch die Kunstgeschichte unter dem Aspekt des Verstehens und Nichtverstehens in der Bildinterpretation*. Zugriff: Dez. 2016, http://docserv.uni-duesseldorf.de/servlets/DocumentServlet?id=2303

Collier, John. 1995. Photography and visual anthropology. In Hockings, P. (Hrsg.), *Principles of visual anthropology* (S. 135-254). Berlin, New York: de Gruyter.

Collier, John, und Collier, Malcolm. 1992. *Visual anthropology. Photography as a research method* (4th ed.). Albuquerque: Univ. of New Mexico Press.

Deissler, Klaus G. 1986. *Rekursive Informationsschöpfung. Zirkuläres Fragen als Erzeugung von Information. Teil 1: Anregungen zur Entwicklung lösungsorientierter Fragen im kokreativen Prozeß systemischer Therapie*. Marburg: INFaM.

Demandt, Alexander. 2015. *Zeit. Eine Kulturgeschichte*. Berlin: Propyläen.

Denzin, Norman K. 1989. *The research act: A theoretical introduction to sociological methods* (3. ed.). Englewood Cliffs, N.J.: Prentice Hall.

Dewey, John. 2014. *Kunst als Erfahrung* (7. Aufl.). Frankfurt am Main: Suhrkamp.

Diepenbrock, Wulf, Ellmer, Frank, und Léon, Jens. 2016. *Ackerbau, Pflanzenbau und Pflanzenzüchtung* (4. Aufl.). Stuttgart: Ulmer.

Eisewicht, Paul. 2016. Die Sicht der Dinge. Konzeptualisierung einer ethnographischen Artefaktanalyse anhand der Frage nach der Materialität von Zugehörigkeit. In Burzan, N., Hitzler, R., & Kirschner, H. (Hrsg.), *Materiale Analysen. Methodenfragen in Projekten* (S. 111-129). Wiesbaden: Springer VS.

Elias, Norbert. 1977. *Über den Prozeß der Zivilisation. Soziogenetische und psychogenetische Untersuchungen. Erster Band: Wandlungen des Verhaltens in den weltlichen Oberschichten des Abendlandes* (4. Aufl.). Frankfurt am Main: Suhrkamp.

Elias, Norbert. 1983. *Die höfische Gesellschaft. Untersuchungen zur Soziologie des Königtums und der höfischen Aristokratie*. Frankfurt am Main: Suhrkamp.

Englisch, Felicitas. 1991. Bildanalyse in strukturhermeneutischer Einstellung. Methodische Überlegungen und Analysebeispiel. In Garz, D. & Kraimer, K. (Hrsg.), *Qualitativ-empirische Sozialforschung. Konzepte, Methoden, Analysen* (S. 133-176). Opladen: Westdeutscher Verlag.

Evans, Walker. 1997. *Amerika. Bilder aus den Jahren der Depression*. München: Schirmer-Mosel.

Fischer, Joachim, und Delitz, Heike. (Hrsg.). 2009. *Die Architektur der Gesellschaft. Theorien für die Architektursoziologie*. Bielefeld: transcript-Verl.

Flick, Uwe. 2011. *Triangulation. Eine Einführung* (3. Aufl.). Wiesbaden: VS Verl. für Sozialwiss.

Ford, Henry. 1923. *Mein Leben und Werk*. Leipzig: List.

Foucault, Michel. 1977. *Überwachen und Strafen. Die Geburt des Gefängnisses* (2. Aufl.). Frankfurt am Main: Suhrkamp.

Fritz, Judith, und Tomaschek, Nino. (Hrsg.). 2015. *Die Stadt der Zukunft. Aktuelle Trends und zukünftige Herausforderungen*. Münster, New York: Waxmann.

Froschauer, Ulrike, und Lueger, Manfred. 2003. *Das qualitative Interview. Zur Praxis interpretativer Analyse sozialer Systeme*. Wien: Facultas.WUV.

Froschauer, Ulrike, und Lueger, Manfred. 2009. *Interpretative Sozialforschung: Der Prozess*. Stuttgart: UTB GmbH.

Froschauer, Ulrike, und Lueger, Manfred. 2016. Organisationale Praktiken im Blick der Artefaktanalyse. Eine interpretative Perspektive. In Raab, J. & Keller, R. (Hrsg.), *Wissensforschung – Forschungswissen. Beiträge und Debatten zum 1. Sektionskongress der Wissenssoziologie* (S. 358-368). Weinheim, Basel: Beltz Juvanta.

Gadamer, Hans-Georg. 1986. *Gesammelte Werke Bd. 1. Wahrheit und Methode. Grundzüge einer philosophischen Hermeneutik* (5. Aufl.). Tübingen: Mohr.

Gehl, Jan, und Svarre, Birgitte. 2013. *How to study public life*. Washington: Island Press.

Geißlinger, Hans. 1992. *Die Imagination der Wirklichkeit. Experimente zum radikalen Konstruktivismus*. Frankfurt am Main [u.a.]: Campus.

Gerhardt, Astrid. 2014. *Bürowelt: Effizienz durch Architektur. Der Mensch und sein Wohlbefinden im gestalteten Arbeitsplatzumfeld*. Lengerich: Pabst

Glaser, Barney G., und Strauss, Anselm L. 2010. *Grounded Theory. Strategien qualitativer Forschung* (3. Aufl.). Bern: Huber.

Gleitsmann-Topp, Rolf-Jürgen, und Kunze, Rolf-Ulrich. 2009. *Technikgeschichte*. Konstanz: UVK.

Hammersley, Martyn, und Atkinson, Paul. 2010. *Ethnography. Principles in practice* (3. ed.). London [u.a.]: Routledge.

Hampel, Günter. 2014. *Fleischrinderzucht- und Mutterkuhhaltung* (5. Aufl.). Stuttgart: Ulmer.

Hattstein, Markus. 2015. *Klöster. Spirituelle Orte des Glaubens in aller Welt*. Bath: Parragon.

Häußling, Roger. 2014. *Techniksoziologie*. Baden-Baden: Nomos.

Heinze-Prause, Roswitha, und Heinze, Thomas. 1996. *Kulturwissenschaftliche Hermeneutik. Fallrekonstruktionen der Kunst-, Medien- und Massenkultur*. Opladen: Westdeutscher Verlag.

Hine, Lewis. 1980. Social photography. In Trachtenberg, A. (Hrsg.), *Classic essays on photography* (4. ed., S. 110-113). New Haven/Conn.: Leete's Island Books.

Hine, Lewis. 1996. *Lewis Hine. Die Kamera als Zeuge. Fotografien 1905 – 1937* (Steinorth, K. Hrsg.). Kilchberg, Zürich: Ed. Stemmle.

Hirschauer, Stefan. 1999. Die Praxis der Fremdheit und die Minimierung von Anwesenheit. Eine Fahrstuhlfahrt. *Soziale Welt, 50*(3), 221-245.

Hockings, Paul. (Hrsg.). 1995. *Principles of visual anthropology* (2nd ed.). Berlin u.a.: de Gruyter.

Holenstein, André, Schweizer, Ruth Meyer, Weddingen, Tristan, und Zwahlen, Sara Margarita. (Hrsg.). 2010. *Zweite Haut zur Kulturgeschichte der Kleidung*. Bern: Haupt.

Honer, Anne. 2011. *Kleine Leiblichkeiten. Erkundungen in Lebenswelten.* Wiesbaden: VS.
Imdahl, M. 1995. Ikonik. Bilder und ihre Anschauung. In Boehm, G. (Hrsg.), *Was ist ein Bild?* (S. 300-324). München: Fink.
Jacobs, Jane. 1993. *Tod und Leben grosser amerikanischer Städte* (3. Aufl.). Braunschweig: Vieweg.
Jungk, Robert, und Mundt, Hans Josef. (Hrsg.). 1985. *Maschinen wie Menschen.* Frankfurt am Main: Fischer.
Kasten, Erich. 2006. *Body-Modification. Psychologische und medizinische Aspekte von Piercing, Tattoo, Selbstverletzung und anderen Körperveränderungen.* München [u.a.]: Reinhardt.
Keller, Reiner, Hirseland, Andreas, Schneider, Werner, und Viehöfer, Willy. 2010. *Handbuch sozialwissenschaftliche Diskursanalyse. Band 2: Forschungspraxis* (4. Aufl.). Wiesbaden: Springer VS.
Keller, Reiner, Hirseland, Andreas, Schneider, Werner, und Viehöfer, Willy. 2011. *Handbuch sozialwissenschaftliche Diskursanalyse. Band 1: Theorien und Methoden* (3. Aufl.). Wiesbaden: Springer VS.
Keppler, Angela. 2006. *Mediale Gegenwart. Eine Theorie des Fernsehens am Beispiel der Darstellung von Gewalt.* Frankfurt am Main: Suhrkamp.
Keppler, Angela. 2015. *Das Fernsehen als Sinnproduzent. Soziologische Fallstudien.* Berlin: De Gruyter.
Klein, Martin. 2008. *Einführung in die DIN-Normen* (14. Aufl.). Stuttgart [u.a.]: Teubner [u.a.].
Knoblauch, Hubert, Schnettler, Bernt, Raab, Jürgen, und Soeffner, Hans-Georg. (Hrsg.). 2006. *Video analysis: Methodology and methods. Qualitative audiovisual data analysis in sociology* (3. ed.). Frankfurt am Main: Lang.
Korte, Helmut. 2010. *Einführung in die systematische Filmanalyse* (4. Aufl.). Berlin: Schmidt.
Kriz, Jürgen. 2004. Beobachtung von Ordnungsbildungen in der Psychologie: Sinnattraktoren in der seriellen Reproduktion. In Moser, S. (Hrsg.), *Konstruktivistisch Forschen. Methodologie, Methoden, Beispiele* (S. 43-66). Wiesbaden: VS Verlag.
Kuchenbuch, Thomas. 2005. *Filmanalyse. Theorien, Methoden, Kritik* (2. Aufl.). Wien: Böhlau.
Latour, Bruno. 2015. *Die Hoffnung der Pandora. Untersuchungen zur Wirklichkeit der Wissenschaft* (5. Aufl.). Frankfurt am Main: Suhrkamp.
Leeuwen, Theo van, und Jewitt, Carey. 2013. *Handbook of visual analysis* (2. ed.). London et al.: Sage.
Liebert, Wolfgang, Gepp, Christian, und Reinberger, David. 2016. *Nukleare Katastrophen und ihre Folgen. 30 Jahre nach Tschernobyl/5 Jahre nach Fukushima.* Berlin: Berliner Wissenschaftsverlag.
Linde, Hans. 1972. *Sachdominanz in Sozialstrukturen.* Tübingen: Mohr.
Luckmann, Thomas. 1992. *Theorie des sozialen Handelns.* Berlin [u.a.]: de Gruyter.
Lueger, Manfred. 2001. *Auf den Spuren der sozialen Welt. Methodologie und Organisierung interpretativer Sozialforschung.* Frankfurt am Main: Lang.
Lueger, Manfred. 2010. *Interpretative Sozialforschung: Die Methoden.* Wien: Facultas. WUV.

Lueger, Manfred, und Froschauer, Ulrike. 2007. Film-, Bild- und Artefaktanalyse. In Straub, J., Weidemann, A., & Weidemann, D. (Hrsg.), *Interkulturelle Kommunikation und Kompetenz. Grundbegriffe,Theorien, Anwendungsfelder* (S. 428-439). Wiesbaden: Metzler.

Lugar, Oskar, Tröstl, Astrid, und Urferer, Katrin. 2017. *Gentechnik geht uns alle an!* (2. Aufl.). Wiesbaden: Springer VS.

Luhmann, Niklas. 1982. Sinn als Grundbegriff der Soziologie. In Habermas, J. & Luhmann, N. (Hrsg.), *Theorie der Gesellschaft oder Sozialtechnologie. Was leistet die Systemforschung?* (S. 25-100). Frankfurt am Main: Suhrkamp.

Luhmann, Niklas. 1984. *Soziale Systeme. Grundriß einer allgemeinen Theorie*. Frankfurt am Main: Suhrkamp.

Marx, Karl. 1979. *Das Kapital. Kritik der politischen Ökonomie. Erster Band*. Berlin: Dietz.

Mayring, Philipp. 2015. *Qualitative Inhaltsanalyse. Grundlagen und Techniken* (12. Aufl.). Weinheim [u.a.]: Beltz.

Mead, George Herbert. 1987. *Gesammelte Aufsätze. Band 2*. Frankfurt am Main: Suhrkamp.

Moritz, Christine. (Hrsg.). 2014. *Transkription von Video- und Filmdaten in der Qualitativen Sozialforschung. Multidisziplinäre Annäherungen an einen komplexen Datentypus*. Wiesbaden: Springer VS.

Moser, Heinz. 1977. *Methoden der Aktionsforschung: eine Einführung*. München: Kösel.

Motakef, Mona. 2011. *Körper Gabe. Ambivalente Ökonomien der Organspende*. Bielefeld: transcript.

Müller-Doohm, Stefan. 1993. Visuelles Verstehen. Konzepte kultursoziologischer Bildhermeneutik. In Jung, T. J. & Müller-Doohm, S. (Hrsg.), *"Wirklichkeit" im Deutungsprozeß. Verstehen und Methoden in den Kultur- und Sozialwissenschaften* (S. 438-457). Frankfurt am Main: Suhrkamp.

Müller, Michael R., Raab, Jürgen, und Soeffner, Hans-Georg. 2014. *Grenzen der Bildinterpretation*. Wiesbaden: Springer.

Mumford, Lewis. 1977. *Mythos der Maschine. Kultur, Technik und Macht*. Frankfurt am Main: Fischer.

Newton, Iris. 2015. *Die Bilderwelt von Lascaux. Entstehung – Entdeckung – Bedeutung*. Berlin: Palm Verlag.

Oevermann, Ulrich. 2001. Die Struktur sozialer Deutungsmuster – Versuch einer Aktualisierung. *Sozialer Sinn, 2001*(1), 35-82.

Oevermann, Ulrich, Allert, Tilman, Konau, Elisabeth, und Krambeck, Jürgen. 1979. Die Methodologie einer „objektiven Hermeneutik" und ihre allgemeine forschungslogische Bedeutung in den Sozialwissenschaften. In Soeffner, H.-G. (Hrsg.), *Interpretative Verfahren in den Sozial- und Textwissenschaften* (S. 352-434). Stuttgart: Metzler.

Panofsky, Erwin. 1978. *Sinn und Deutung in der bildenden Kunst*. Köln: DuMont.

Panofsky, Erwin. 1987. Zum Problem der Beschreibung und Inhaltsdeutung von Werken der bildenden Kunst. In Kaemmerling, E. (Hrsg.), *Bildende Kunst als Zeichensystem Bd. 1: Ikonografie und Ikonologie. Theorien – Entwicklung – Probleme* (4. Aufl., S. 185-206). Köln: dumont.

Peirce, Charles Sanders. 1991a. *Naturordnung und Zeichenprozeß. Schriften über Semiotik und Naturphilosophie*. Frankfurt am Main: Suhrkamp.

Peirce, Charles Sanders. 1991b. *Schriften zum Pragmatismus und Pragmatizismus*. Frankfurt am Main: Suhrkamp.
Penz, Otto. 2010. *Schönheit als Praxis. Über klassen- und geschlechtsspezifische Körperlichkeit*. Frankfurt am Main, New York: Campus.
Perrow, Charles. 1987. *Normale Katastrophen. Die unvermeidbaren Risiken der Großtechnik*. Frankfurt am Main [u.a.]: Campus.
Petendra, Brigitte. 2015. *Räumliche Dimensionen der Büroarbeit. Eine Analyse des flexiblen Büros und seiner Akteure*. Wiesbaden: Springer VS.
Pfadenhauer, Michaela, und Dukat, Christoph. 2016. Zur Wirkung der Technik. Ethnographisch gestützte Überlegungen am Beispiel der Social Robotics in der Demenzbetreuung. In Burzan, N., Hitzler, R., & Kirschner, H. (Hrsg.), *Materiale Analysen. Methodenfragen in Projekten* (S. 33-52). Wiesbaden: Springer VS.
Piaget, Jean. 1976. *Die Äquilibration der kognitiven Strukturen*. Stuttgart: Klett.
Pink, Sarah. 2013. *Doing visual ethnography* (3. ed.). Los Angeles, Calif. [u.a.]: SAGE Publ.
Popitz, Heinrich. 1980. *Die normative Konstruktion von Gesellschaft*. Tübingen: Mohr.
Posch, Waltraud. 2009. *Projekt Körper. Wie der Kult um die Schönheit unser Leben prägt*. Frankfurt am Main, New York: Campus.
Raab, Jürgen. 2008. *Visuelle Wissenssoziologie. Theoretische Konzeption und materiale Analysen*. Konstanz: UVK.
Rammert, Werner. 2007. *Technik – Handeln – Wissen. Zu einer pragmatistischen Technik- und Sozialtheorie*. Wiesbaden: VS.
Reichertz, Jo. 2013a. *Die Abduktion in der qualitativen Sozialforschung. Über die Entdeckung des Neuen* (2. Aufl.). Wiesbaden: Springer VS.
Reichertz, Jo. 2013b. *Gemeinsam interpretieren. Die Gruppeninterpretation als kommunikativer Prozess*. Wiesbaden: Springer VS.
Reichertz, Jo, und Englert, Carina Jasmin. 2011. *Einführung in die qualitative Videoanalyse. Eine hermeneutisch-wissenssoziologische Fallanalyse*. Wiesbaden: Springer VS.
Riemer, Ines. 1988. *Konzeption und Begründung der Induktion. Eine Untersuchung zur Methodologie von Charles S. Peirce*. Würzburg: Königshausen & Neumann.
Riis, Jacob A. 1997. *How the other half lives. Studies among the tenements of New York*. New York: Penguin.
Riis, Jacob A. 1998. *The battle with the slum*. Mineola, N.Y.: Dover Publications.
Roßler, Gustav. 2016. *Der Anteil der Dinge an der Gesellschaft. Sozialität – Kognition – Netzwerke*. Bielefeld: transcript.
Schneede, Uwe M. 1992. *René Magritte. Leben und Werk* (4. Aufl.). Köln: DuMont.
Schönhammer, Rainer. 2013. *Einführung in die Wahrnehmungspsychologie. Sinne, Körper, Bewegung* (2. Aufl.). Wien: facultas.wuv.
Schreier, Margrit. 2012. *Qualitative content analysis in practice*. London [u.a.]: Sage.
Schulz, Marlen, Mack, Birgit, und Renn, Otwin. (Hrsg.). 2012. *Fokusgruppen in der empirischen Sozialwissenschaft. Von der Konzeption bis zur Auswertung*. Wiesbaden: Springer VS.
Schumpeter, Joseph A. 1987. *Kapitalismus, Sozialismus und Demokratie* (6. Aufl.). Tübingen: Francke.
Schütz, Alfred. 1981. *Der sinnhafte Aufbau der sozialen Welt. Eine Einleitung in die verstehende Soziologie* (2. Aufl.). Frankfurt am Main: Suhrkamp.
Schütz, Alfred. 1982. *Das Problem der Relevanz*. Frankfurt am Main: Suhrkamp.

Literatur

Schütz, Alfred, und Luckmann, Thomas. 1975. *Strukturen der Lebenswelt.* Darmstadt [u.a.]: Luchterhand.

Schütze, Fritz. 1977. *Die Technik des narrativen Interviews in Interaktionsfeldstudien dargestellt an einem Projekt zur Erforschung von kommunalen Machtstrukturen.* Bielefeld: Fakultät für Soziologie an der Universität Bielefeld.

Schweizer, Thomas. 1985. Die Vielschichtigkeit der Feldsituation. Untersuchungen zur dörflichen Wirtschaft in Java. In Fischer, H. (Hrsg.), *Feldforschungen. Berichte zur Einführung in Probleme und Methoden* (S. 263-288). Berlin: Reimer.

Shilling, Chris. 2012. *The body and social theory* (3. ed.). Los Angeles, Calif. [u.a.]: Sage.

Simmel, Georg. 1987. *Philosophie des Geldes* (8. Aufl.). Berlin: Duncker u. Humblot.

Simon-Muscheid, Katharina. 2010. Repräsentation und Abgrenzung durch Kleiderordnungen (12.-16. Jahrhundert). In Holenstein, A., Schweizer, R. M., Weddingen, T., & Zwahlen, S. M. (Hrsg.), *Zweite Haut. Zur Kulturgeschichte der Kleidung* (S. 91-116): Haupt.

Soeffner, Hans-Georg. 1999. Verstehende Soziologie und sozialwissenschaftliche Hermeneutik. Die Rekonstruktion der gesellschaftlichen Konstruktion der Wirklichkeit. In Hitzler, R., Reichertz, J., & Schröer, N. (Hrsg.), *Hermeneutische Wissenssoziologie. Standpunkte zur Theorie der Interpretation* (S. 39-49). Konstanz: UVK.

Soeffner, Hans-Georg. 2004. *Auslegung des Alltags – Der Alltag der Auslegung. Zur wissenssoziologischen Konzeption einer sozialwissenschaftlichen Hermeneutik* (2. Aufl.). Konstanz: UVK.

Sommer, Carlo M., und Wind, Thomas. 1991. *Die Mode. Wie das Ich sich darstellt.* Weinheim [u.a.]: Beltz.

Spradley, James P. 2009. *Participant observation* (31. ed.). Belmont [u.a.]: Wadsworth Cengage Learning.

Steets, Silke. 2015. *Der sinnhafte Aufbau der gebauten Welt. Eine Architektursoziologie.* Berlin: Suhrkamp.

Stenger, Horst, und Geißlinger, Hans. 1991. Die Transformation sozialer Realität. *Kölner Zeitschrift für Soziologie und Sozialpsychologie*(2), 247-270.

Stiehler, Steve, Fritsche, Caroline, und Reutlinger, Christian (2012). Der Einsatz von Fall-Vignetten. Potential für sozialräumliche Fragestellungen. Zugriff: Juli 2015 http://www.sozialraum.de/der-einsatz-von-fall-vignetten.php.

Stoller, Paul. 1989. *The taste of ethnographic things. The senses in anthropology.* Philadelphia: Univ. of Pennsylvania Press.

Strasser, Johano, und Traube, Klaus. 1982. Technik und Herrschaft. In Jokisch, R. (Hrsg.), *Techniksoziologie* (S. 242-334). Frankfurt am Main: Suhrkamp.

Strauss, Anselm L. 1974. *Spiegel und Masken. Die Suche nach Identität.* Frankfurt am Main: Suhrkamp.

Strauss, Anselm L. 1991. *Qualitative analysis for social scientists.* Cambridge: Cambridge University Press.

Stumberger, Rudolf. 2007. *Klassen-Bilder. Sozialdokumentarische Fotografie 1900-1945.* Konstanz: UVK.

Taylor, Frederick Winslow. 1917. *Die Grundsätze wissenschaftlicher Betriebsführung.* München [u.a.]: Oldenbourg.

Troitzsch, Ulrich. 1980. *Technik-Geschichte. Historische Beiträge und neuere Ansätze* (1. Aufl.). Frankfurt am Main: Suhrkamp.

Ullrich, Otto. 1982. Erkenntnisinteresse und Gegenstand einer kritischen Techniksoziologie. In Jokisch, R. (Hrsg.), *Techniksoziologie* (S. 184-206). Frankfurt am Main: Suhrkamp.

Ullrich, Otto. 1988. *Technik und Herrschaft. Vom Hand-werk zur verdinglichten Blockstruktur industrieller Produktion* (3. Aufl.). Frankfurt am Main: Suhrkamp.

Vigarello, Georges. 1992. *Wasser und Seife, Puder und Parfüm. Geschichte der Körperhygiene seit dem Mittelalter.* Frankfurt, Nerw York: Campus.

Weber, Max. 1980. *Wirtschaft und Gesellschaft. Grundriß der verstehenden Soziologie* (5. Aufl.). Tübingen: Mohr.

Weingart, Peter. 1982. Strukturen technologischen Wandels. Zu einer soziologischen Analyse der Technik. In Jokisch, R. (Hrsg.), *Techniksoziologie* (S. 112-141). Frankfurt am Main: Suhrkamp.

Weizenbaum, Joseph. 1977. *Die Macht der Computer und die Ohnmacht der Vernunft.* Frankfurt am Main: Suhrkamp.

Wittgenstein, Ludwig. 1984. *Werkausgabe. Bd. 1. Tractatus logico-philosophicus. Tagebücher 1914-1916. Philosophische Untersuchungen.* Frankfurt am Main: Suhrkamp.

Wulff, Hans J. 1995. Rezeption ethnographischer Filme: Bemerkungen zu einer Terra Incognita. In Ballhaus, E. & Engelbrecht, B. (Hrsg.), *Der ethnographische Film. Einführung in Methoden und Praxis* (S. 269-288). Berlin: Reimers.

The manufacturer's authorised representative in the EU is Springer Nature Customer Service Centre GmbH, Europaplatz 3, 69115 Heidelberg, Germany. If you have any concerns regarding our products, please contact ProductSafety@springernature.com

Printed and bound by CPI Group (UK) Ltd, Croydon, CR0 4YY
23/03/2026
02076462-0006